AF344876

© Shigeru Onoda, 2016

© Aze Shiatsu Formación

Tel.: (+34) 913 457 124

e-mail: centro@shiatsudo.com

www.shiatsudo.com

Primera edición: Enero de 2016.

Edición revisada y mejorada del Libro Autoshiatsu editado por Shigeru Onoda en el año 2002.

Depósito legal: M-40637-2015

ISBN: 978-84-6085089-2

**IMPORTANTE:** el propósito de esta obra es ofrecer información y ayuda. Las técnicas presentadas han de ser empleadas tras haberse sometido a criterio del lector. Observe siempre las precauciones indicadas y consulte a un médico si alberga dudas sobre su condición física.

**Versión Impresa y Kindle por:** AMAZON. Reservados todos los derechos.

Cualquier forma de explotación de esta obra, en especial su reproducción, distribución, comunicación pública o transformación, solo puede ser realizada con la autorización de sus titulares, salvo excepción prevista por la ley.

Diríjase a CEDRO (Centro Español de Derechos Reprográficos) si necesita fotocopiar, escanear, distribuir o poner a disposición algún fragmento de esta obra (www.cedro.org; 91 702 19 70 / 93 272 04 45).

**Shigeru Onoda**

# AUTOSHIATSU

*Un método práctico
para la salud y el bienestar*

指圧の心

© 2002-2016 Shigeru Onoda.

© Ilustraciones: Tatio Viana, Yuji Shinohara, María Torres.

© Fotografía: José Manchado.


**Edición mejorada del Libro Autoshiatsu editado por Shigeru Onoda en el año 2002.**

# Índice 目次

# Introducción 序

Hoy en día el término Shiatsu va teniendo más reconocimiento popular. Sin hacer valoraciones de lo bueno y lo malo, en esta primera etapa de difusión nos encontramos frecuentemente con ciertos oportunistas del llamado boom; como ejemplo, es fácil imaginarnos la comparación con una auténtica paella española, cuyos ingredientes son siempre los mismos (arroz, mariscos, etc.), y si cambiamos uno solo de ellos, ya no sería una paella; con esto me quiero referir a que si mezclamos el auténtico Shiatsu con alguna otra variante, ya no podemos denominarlo Shiatsu.

Es el mismo fenómeno que está sufriendo la cocina japonesa: las personas que no conocen el sabor del auténtico sushi piensan que es cualquier pescado crudo sobre arroz.

Mi maestra, Matsuko Namikoshi, directora del colegio para la Formación Profesional de Shiatsu y máxima autoridad de la terapia, decía acerca de estas confusiones: «No hay que poner resistenca ni preocuparse por el fenómeno. Cuando un paciente necesite realmente una terapia, percibirá la diferencia entre unos y otros. Hasta que llegue este momento, nosotros formamos profesionales de verdad y ofrecemos las terapias correctas. No se necesitan palabras, sino hechos». Yo lo pongo en práctica a la hora de realizar mi trabajo.

Hasta ahora, mis tres publicaciones —Shiatsu básico, Terapia para la lumbalgia y Libro completo de Shiatsu— están destinadas a profesionales de la terapia Shiatsu y a estudiantes con afán de ser profesionales.

Aunque las preguntas más frecuentes de los pacientes son: «¿No hay alguna forma para quitar este dolor en casa mientras veo la tele?» o «¿Cómo podría prevenir la lesión antes de hacer deporte?». Estas y muchas más me han empujado a la publicación de este libro.

El cuerpo humano, en diversas ocasiones, actúa de forma inconsciente; por ejemplo, cuando una persona siente molestias, se presiona la zona donde siente dolor y muchas veces corresponde con lo que nosotros llamamos «punto clave», y lo hace sin tener conocimiento alguno de la terapia Shiatsu.

Es un acto instintivo que hoy en día conviene conocer. Despertar la función «autosanadora» del cuerpo humano, recordando los puntos eficaces, los ejercicios básicos y dar a conocer «qué es un estado realmente saludable», es el objetivo principal de este libro.

Puesto que es una publicación que intenta llegar a todo el mundo, he introducido ilustraciones para facilitar el entendimiento con la intención de que sea un manual ameno y práctico en la vida cotidiana. Espero que este manual sea su mejor amigo para mantener la salud a través de las técnicas de Shiatsu. Y con este deseo, me despido con un cordial saludo,

Shigeru Onoda

小野田茂

# 1. La sabiduría china 中国の知恵

Nosotros llamamos a los chinos *Taijin* («los grandes»).

Tal como suena la palabra, cuando usamos este término nos referimos a las personas serenas y de gran corazón.

Changjiang es el río que atraviesa toda China y que, por su grandeza, no sería una exageración confundirlo con un lago o un océano. Normalmente es de flujo sereno; sin embargo, cuando hay una tormenta el río se desborda rápidamente. Si sustituimos el carácter de este río por el de una persona, nos imaginamos una figura que es muy atractiva, serena y calmada pero que, una vez enfurecida, se hace invencible.

Los chinos que se criaron en un ambiente como este, conocen numerosas técnicas de salud y viven aplicándolas en su vida diaria.

Como introducción al AUTOSHIATSU, me gustaría presentar unas cuantas de estas técnicas chinas.

## Introducción a la medicina china 中医学

### 1. El concepto de «ki»

El concepto del *ki* o *chi* es uno de los valores más importantes de la medicina china, se traduce como energía o fuerza vital.

En Japón, sin darnos cuenta, utilizamos muchas palabras con el pictograma *ki* como para enfermedad (sufrimientos del *ki - byou ki*): un ejemplo es la depresión, *ki yowa*, que se manifiesta por la debilidad del *ki* o para todo lo contrario: el ánimo, el cual también se asocia a *ki guenki*.

Por ello, sabemos que tanto el buen estado de humor como la enfermedad están relacionadas con la buena o mala energía que tengamos en ese momento.

Los chinos suelen decir que «cuando el chi se agrupa se forma el cuerpo físico; cuando se dispersa, el cuerpo muere».

### 2. Los meridianos

Cuando hablamos de meridianos nos referimos a canales de energía que circulan por todo el cuerpo. Claro que, en todo momento, nos estamos refiriendo a algo no físico y de naturaleza energética que es difícil de comprender para los occidentales. Vamos a hablar de un modo metafórico para aclarar el concepto de meridianos, *tsubos* y *ki (chi)*.

Podría ser comparable con la red del metro de una ciudad, en la que la ciudad sería el cuerpo, cada línea del metro un meridiano y cada estación sería un *tsubo*.

Al igual que los trenes circulan por cada línea

del metro, la energía (*ki* o *chi*) circula en el cuerpo a través de cada uno de los meridianos.

Igual que la ciudad necesita que los trenes lleguen a cada una de sus estaciones y barrios para cubrir sus necesidades, el cuerpo necesita que la energía llegue a través de los meridianos a cada uno de sus órganos y vísceras para regular perfectamente sus funciones. Estamos hablando de que si un canal se obstruye, el movimiento del *ki* se atasca en alguna zona o punto y aparece un dolor o molestia en esa región.

De la misma forma que en la red del metro existen estaciones múltiples en las que se cruzan dos o más líneas y sirven para regular el tráfico, dirección e intensidad de los trenes y atender de esta forma a la mayor afluencia de viajeros. En el sistema de meridianos existen puntos que interrelacionan a dos o más de ellos y mediante los cuales es posible regular la afluencia de energía a los distintos órganos, disminuyéndola o aumentándola en cada caso.

Tanto la falta como el exceso de energía en un órgano es perjudicial.

Siguiendo con nuestro ejemplo, cuando en una determinada zona de una línea del metro se acumula un exceso de trenes, se produce un «embotellamiento», resultando muy útil para descongestionarlo utilizar una de las estaciones múltiples a las que aludíamos antes, y desviar los trenes que obstruyen el paso liberando esta zona y enviándolos a otra que tiene escasez de ellos.

Hemos hablado de los trenes, que simularían la energía que tenemos en nuestro cuerpo, el *ki*. Y las líneas del metro que simulan los meridianos, así como las estaciones del metro, que serían los *tsubos*.

Está claro que hablamos en forma metafórica, aunque es la mejor forma de entender esta teoría.

## Por la mañana 朝

Con las prisas, al despertar por la mañana, la velocidad con la que el cuerpo recobra su actividad habitual depende de un factor como la tensión y son pocos los que pueden maximizar su actividad al instante.

También se dan casos extremos, como sufrir una apoplejía al levantarse para ir al baño en una noche de invierno o un infarto de miocardio tras levantarse de repente.

La acción de levantarse supone una sobrecarga muy grande, puesto que es un cambio brusco del descanso a la acción. Para aminorar esta carga, vamos a empezar la mañana con una serie de ejercicios en la cama, imitando los movimientos de los animales.

Tumbados boca arriba en la cama, levanten los dos brazos y mantengan las piernas abiertas en proporción a la anchura de sus hombros.

Desde esta posición, estiren el brazo izquierdo y la pierna derecha a la vez y con fuerza. El ombligo va a ser el punto de partida de los dos estiramientos. Puede que duela un poco, pero mantengan esta posición dos o tres segundos y luego relájense.

Ahora realicen el mismo ejercicio con el brazo derecho y la pierna izquierda para estirar el otro lado.

# ¿Qué les parece un Shiatsu para el vientre antes de levantarse? 起床前の腹部指圧

Les enseñaré a trabajar tres puntos que coinciden con los chakras (centros energéticos del cuerpo humano):

- El primero se sitúa en el epigastrio.

- El segundo en el punto intermedio entre el epigastrio y el ombligo.

- El tercero en el punto intermedio entre el ombligo y el pubis.

**1.**

Cuando el primer punto se encuentra obstruido, es señal de un estado de estrés, tanto psicológico como emocional.

En las personas sanas, el pulgar del terapeuta entra al punto sin oponer resistencia; en cambio en situaciones de alerta, por ejemplo en un combate de boxeo, se tensa esta parte del cuerpo.

También una persona impaciente o que sufra algún tipo de amenaza psíquica tendrá el punto endurecido.

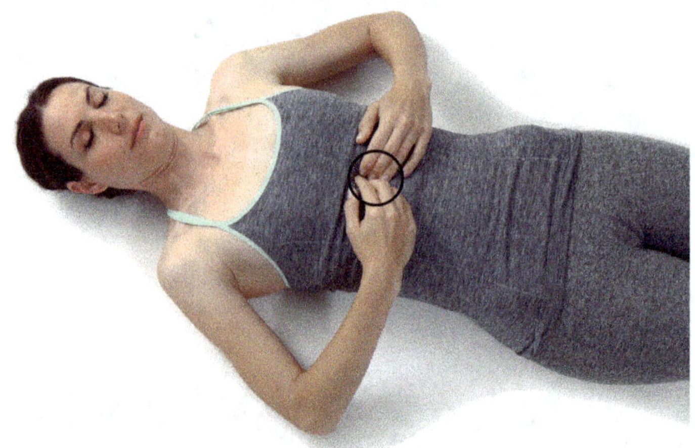

**2.**

El segundo punto refleja el estado de los órganos digestivos. Les recomiendo un masaje, especialmente a las personas que sientan el estómago tenso.

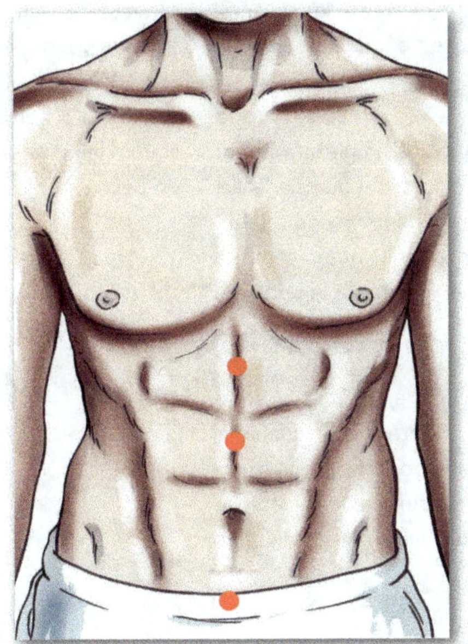



El tercer punto se encuentra en el lugar que llamamos «la tripa», *tandén* en japonés. Se dice que es donde se almacena la energía humana. Además, siendo éste denominado «fuente de la fuerza», se debe de notar una especie de resistencia a la hora de pulsar con el dedo pulgar. No sería de extrañar que se pudiera sentir la energía al poner las manos sobre este punto y realizar una respiración profunda.

Ahora presionen estos tres puntos con los cuatro dedos de las dos manos (véase ilustración). Se cuentan diez series como una sesión. Realicen tres sesiones.

No se alarmen si el vientre empieza a emitir sonidos tras la terapia. Es señal de que la actividad del estómago se está poniendo en funcionamiento. También podrán notar cómo la circulación de la sangre fluye hasta la punta de los pies.

Cuando hayan acabado el ejercicio de estiramiento y de Shiatsu, manténganse relajados unos cinco minutos en la posición inicial (tumbados boca arriba, en la cama) e incorpórense despacio. Les aconsejo tomar un vaso de agua nada más levantarse.

El *footing* matutino no es recomendable, ya que supone demasiado trabajo para el cuerpo, sobre todo para el corazón. Si lo mantiene como costumbre habitual, les aconsejo que hagan suficientes ejercicios de precalentamiento, como por ejemplo estiramientos.

Hay que tener en cuenta que el funcionamiento del cuerpo no llega a su plenitud hasta pasadas unas horas. Como se ha dicho en párrafos anteriores, las actividades matutinas suponen un gran desgaste para el cuerpo. Las consecuencias del *shock* pueden ser: infarto de miocardio, trombosis o hemorragias cerebrales. En los párrafos siguientes les explicaré cómo ir adaptando poco a poco el cuerpo a la vida diaria.

**L**os chinos comienzan la mañana con una serie de ejercicios en el parque, que actualmente se han puesto de moda en todo el mundo: *Taichi* y *Chi Kung*. En comparación con ejercicios como el aeróbic, estos movimientos son serenos e ideales para conducir la corriente de la sangre por todo el cuerpo y evitan el exceso de actividad cardíaca. La respiración serena que se mantiene durante todo el ejercicio posibilita la difusión del oxígeno por todo el cuerpo y provoca una sensación de relajación y de calma. En nuestra tradición, se dice que la respiración profunda prolonga la vida.

Como he comentado en diversas ocasiones, la respiración y el funcionamiento de nuestro cuerpo están profundamente relacionados. Nosotros los japoneses entendemos que la palabra japonesa *Nagaiki* tiene dos significados: uno de ellos es vivir durante mucho tiempo y el otro, respirar hondo. La respiración abdominal lenta estimula la circulación sanguínea de todo el cuerpo y renueva la sangre que se va almacenando en el cerebro.

Se dice que para calmar la exaltación del cuerpo y espíritu es eficaz equilibrar el funcionamiento del encéfalo derecho y el izquierdo (especialmente tendemos a utilizar más la zona derecha que la izquierda); si conseguimos equilibrar las dos regiones, lograremos normalizar las pulsaciones y dominar el estrés.

La respiración calmada y serena la realizaremos por la fosa nasal izquierda inspirando de manera relajada e hinchando el abdomen; intentemos respirar conscientemente por el tabique nasal izquierdo, ya que de esta forma logramos el equilibrio del cerebro.

Otra forma de conseguir equilibrar nuestro cuerpo sería (sobre todo en los diestros) rotar la muñeca contraria describiendo círculos. Si la persona que lo realiza es zurdo lo hará en la mano contraria.

Los chinos también practican poniendo un pie sobre una pared, un banco, una farola, etcétera, para flexibilizar los músculos de las piernas. Se dice que el envejecimiento comienza desde la parte de atrás del cuerpo (la zona de la espalda).

Estiraremos, sobre todo, la parte femoral. Recomiendo este ejercicio especialmente a las mujeres acostumbradas a llevar tacones, que hace que se tense el muslo; sería eficaz ir subiendo poco a poco la pierna apoyada en la pared.

A pesar de que nuestro cuerpo tenga forma simétrica, la actividad cotidiana se concentra inconscientemente en un lado; los diestros hacia el lado derecho y los zurdos en el izquierdo. El deporte, especialmente el que se juega con balones y pelotas (o con instrumentos como la raqueta, movimientos como el fútbol, también el *swing* del golf y el béisbol), limita el movimiento a un solo lado del cuerpo. Esto conlleva el desplazamiento del eje central hacia un lado del cuerpo, lo que puede dar lugar a que se originen diversas enfermedades.

**1.**

De pie, hagan fuerza con los dedos de los pies hacia el suelo. Al mismo tiempo, doblen los brazos con los meñiques de las manos hacia el centro del cuerpo, cerrando bien los flancos. La posición simétrica de las manos conducirá su cuerpo a un estado natural de equilibrio.

**2.**

A continuación, concentren la fuerza en los dedos pulgares de los dos pies, relajen los brazos y dejen que estos cuelguen a ambos lados del cuerpo.

**3.**

Después empiecen a rotar el cuerpo de derecha a izquierda, y viceversa, utilizando el movimiento *swing* de los brazos. Primero deben llevar el movimiento despacio e ir acelerando progresivamente.

Este ejercicio es ideal para el mantenimiento del equilibrio simétrico del cuerpo. Realizaremos este movimiento todos los días de cinco a diez minutos.

Observando las antiguas caricaturas chinas, la ideología de una persona saludable es representada rellenita, tranquila y con un toque de sonrisa serena. Hoy en día esta imagen puede parecer casi cómica. Pero teniendo en cuenta que es muy habitual que los deportistas de primera línea, o los más fornidos, sufran enfermedades graves una vez alcanzada cierta edad, y que tengan la esperanza de vida más corta, esto explica que la relación causa-efecto de «deporte igual salud» o «musculoso igual sano» no esté relacionado (la apariencia exterior no tiene que ver casi nunca con el estado interno de nuestros órganos).

Es natural la acumulación de grasa en la superficie corporal producida por la edad, pero lo importante es no tener grasa en los órganos internos. aunque en su apariencia parezca saludable, si esa persona tiene grasa en los órganos internos, su estado no es sano.

# Lo que la ciencia médica olvidó

Un día mi hija se torció la muñeca jugando al fútbol en la clase de gimnasia; le dieron un fuerte golpe, ya que jugaba de portera y falló al atrapar el balón.

Como la inflamación fue a peor, los profesores del colegio la llevaron al hospital. La hicieron una radiografía y, afortunadamente, no había ninguna rotura.

El médico la mandó mantener la muñeca fría y marchó rápidamente a atender a otros pacientes.

A continuación, la enfermera que atendió a mi hija utilizó un aparato de plástico para fijar la zona y la cubrió con una gran cantidad de vendas.

Mi hija, que confía totalmente en los médicos, volvió a casa con el brazo totalmente cubierto.

Le pregunté: «¿Cuándo es la siguiente cita?». Me respondió que dos semanas después. También le pregunté si le dolía y me contestó que sí.

No entendía cómo le habían podido inmovilizar así la muñeca. Era fácil comprender que la dolencia alcanzaría su punto álgido en unas horas.

Además, ¿qué significaban aquellas vendas si el médico había recomendado enfriar la zona? En nuestros respectivos domicilios son pocas las personas que disponen de ayuda para quitar los vendajes cada vez que se necesite enfriar la parte lesionada.

Si confían en lo que dice y hace el hospital, cualquier persona esperará a que se le pase el dolor aguantándolo.Las inflamaciones hay que enfriarlas lo antes posible, y más tarde, cuando se va calmando la hinchazón, ya se puede fijar la zona; esto es lo más eficaz.

Así es que le quité las vendas y le puse en la muñeca hielo con sal para enfriar la zona.

Después de tres días, al ver que la inflamación había disminuido, empecé con una serie de ejercicios de rehabilitación.

En una semana, la recuperación fue bastante notable. Una semana más tarde, por respeto al médico, envié a mi hija al hospital. Según ella, el médico dijo: «Tiene una capacidad de recuperación notable, empezaremos con los ejercicios de rehabilitación».

Un ejercicio de rehabilitación después de dos semanas es demasiado tarde. Si una lesión —incluidas las roturas de hueso— permanece mucho tiempo bajo la fijación de la escayola, el debilitamiento de los músculos es tremendo y el tiempo que tarda en recuperarse es incalculable.

Esto es lo que podemos denominar «menú del día». Para una cosa solo se plantea una solución: «Para el esguince, escayola». Es una terapia que no tiene en cuenta el problema específico de cada paciente, sino que trata de encontrar una solución mecánica y rápida.

Me gustaría comentar otra anécdota de un conocido que fue al médico para tratar un problema de rodilla; el médico le recetó medicamentos nada más ver la radiografia, sin tocar ni ver su rodilla, y obviamente, como paciente, se sintió desatendido e ignorado.

Son muchos los médicos que hoy en día no escuchan ni tocan al paciente, sino que prefieren el diagnóstico mecánico; por ello, no es de extrañar la desconfianza que sienten algunas personas hacia la medicina convencional.

En el tratamiento de Shiatsu utilizamos el dedo pulgar para tener un contacto directo con el cuerpo del paciente. Las tensiones y dolores que sentimos no son sino llamadas de atención y señales que el cuerpo nos envía para que tomemos consciencia de la presión y el estrés de nuestra sociedad.

Tal vez sea la causa por la que el tratamiento Shiatsu esté en auge, algo que la ciencia médica de hoy en día ha olvidado.

En mi opinión, los médicos no pueden determinar la causa del dolor cuando los resultados de las pruebas (radiografías, escáners, etc.) indican que todo está en orden.

Tal vez la creciente demanda de la medicina alternativa se debe a esta respuesta de los médicos.

Hoy en día los comercios chinos se han extendido por todo el mundo. Estos «comerciantes» internacionales, llamados _Kakyo_, hacen que el pueblo chino sea considerado como uno de los mejores negociantes, junto con el pueblo judío e indio, en el mundo de los negocios.

Me parece que tanto a los japoneses como a los españoles les falta alguna de las cualidades necesarias para ser un buen negociante, pero para no entrar en deliberaciones lo dejaré a modo de reflexión.

Las normas de un buen comerciante son:

1. Mostrar siempre la sonrisa ante el cliente.

2. Satisfacer inmediatamente la petición del cliente.

3. No hacerle esperar.

Los comerciantes sufren estrés constantemente, ya que saben que no deben enfadarse. En estas situaciones los chinos hacen _Momite_ (el gesto de frotarse las manos, en japonés). Ellos, mientras hablan con un cliente, se dan masajes en las manos.

No hay una forma específica de hacerlo, es suficiente con mover y estimular las dos manos; de este modo, baja la sangre acumulada en la cabeza obteniendo la tranquilidad y la concentración óptima para resolver su negocio. El Momite es una forma muy simple, pero eficaz, de calmar la agitación mental.

El Shiatsu en las zonas distales del cuerpo, es decir, en los dedos, estimula el cerebro, benefi-ciando la claridad mental y la memoria.

El sistema nervioso relacionado con los movimientos de las manos y los dedos ocupa una parte importante en la corteza cervical. Se dice que las «demencias seniles» son poco comunes entre aquellas personas que utilizan las manos en su profesión, por ejemplo los pintores, músicos o terapeutas, entre otros.

Sin embargo, los músicos, al mantenerse en una misma posición durante mucho tiempo, sufren muy a menudo enfermedades relacionadas con los órganos circulatorios; también en los terapeutas es muy común el infarto de miocardio o el infarto cerebral, y artistas como los pintores sufren muchas veces desequilibrios mentales y cambios bruscos en su estado de ánimo, sintiéndose muy alegres un día y al siguiente decaídos.

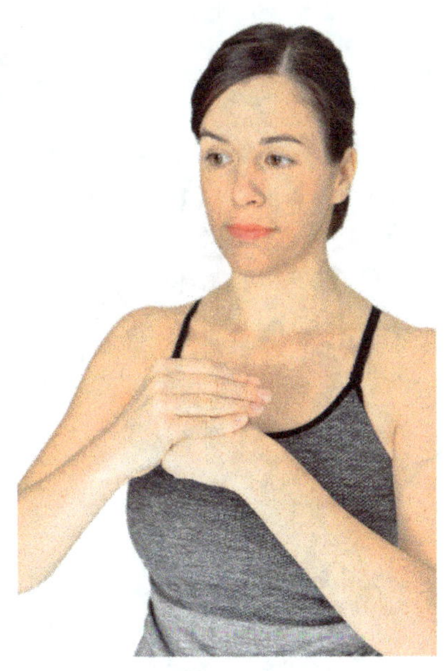

Son diferentes las posibilidades de ser agredido por un tipo de enfermedad dependiendo mucho de la profesión, de la postura que se mantiene o diversas circunstancias.

## *El punto para el tratamiento del corazón*  合掌

**P**ara localizar el punto para el tratamiento del corazón, simplemente doblen el dedo anular hacia la palma de la mano y donde toca la punta del dedo está el punto. Para la presión:

*1.* ||||||||||||||||||||||||||||||||||||||||||||||||||||||||

Empezamos a presionar por la palma de la mano derecha.

*2.* ||||||||||||||||||||||||||||||||||||||||||||||||||||||||

Entrecrucen los dedos de las dos manos y estiren bien los dedos empujando las palmas hacia fuera.

*3.* ||||||||||||||||||||||||||||||||||||||||||||||||||||||||

Una vez acabado el estiramiento, presionen el punto que hemos localizado antes con el dedo pulgar de la mano izquierda.

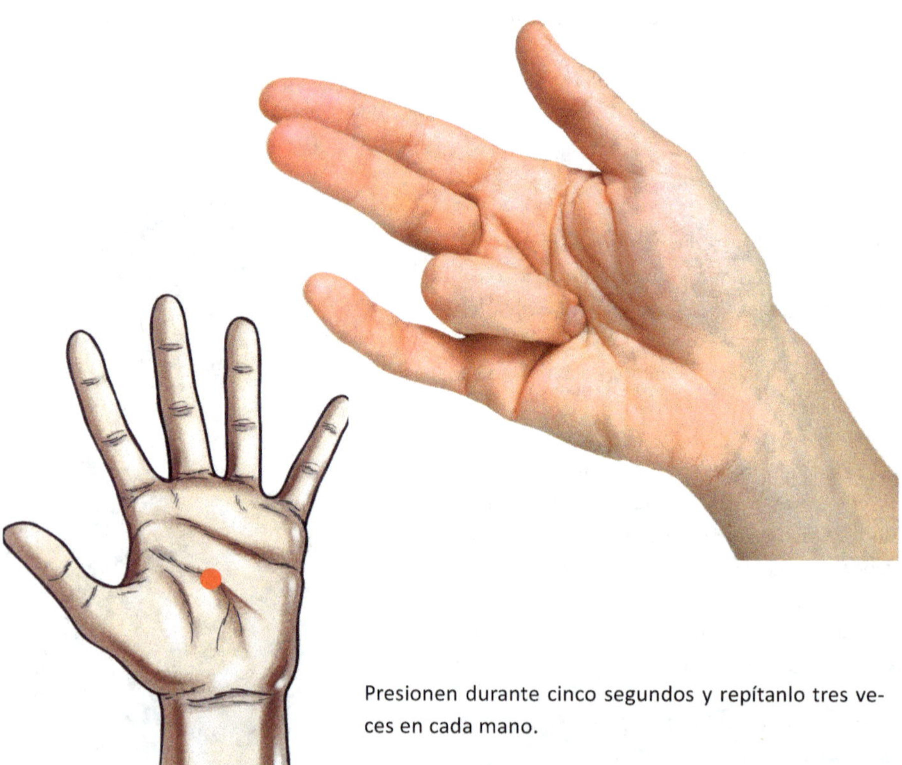

Presionen durante cinco segundos y repítanlo tres veces en cada mano.

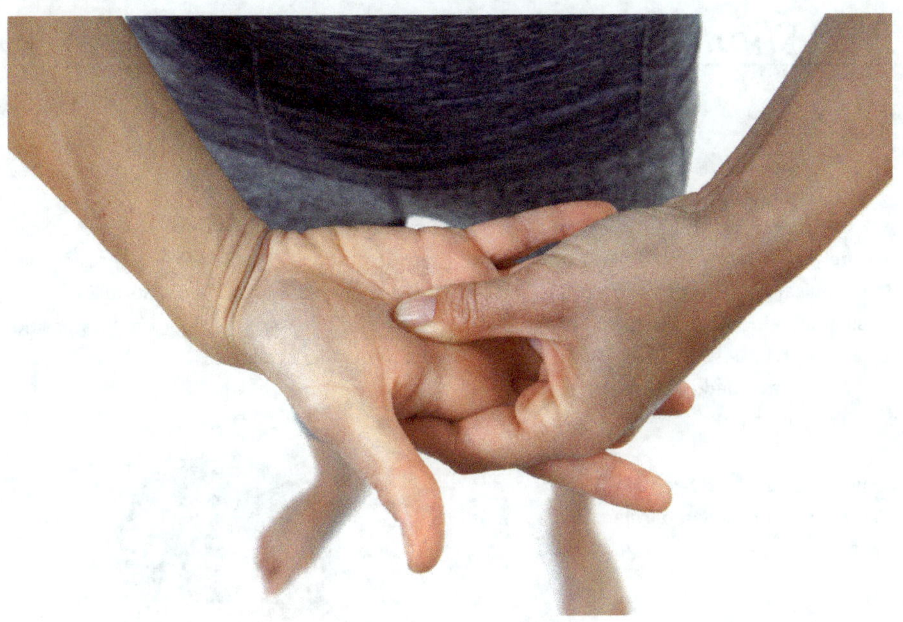

Por cierto, y volviendo a las manos, sentándose en una silla o en *Seiza* (ya explicado anteriormente), junten las palmas de las manos y sitúenlas a la altura de los ojos y ciérrenlos. Mantengan esta postura de cinco a diez minutos. Si lo hacen diariamente, será un ejercicio ideal para aumentar la capacidad de concentración. Para estar más cómodos, pongan luz tenue y quemen incienso.

Comenzaremos la presión desde el dedo pulgar de la mano derecha. Utilicen los dedos pulgar e índice de la mano izquierda y presionen en forma de pinza; son cuatro puntos a presionar. Después, hagan lo mismo con los otros cuatro dedos. Repitan tres veces la serie en cada mano.

Como observación, si pueden estirar los dedos a la vez que presionan, el ejercicio será más efectivo.

Cuando realicen Shiatsu en los dedos procuren dedicar mayor atención a la presión del dedo anular. Este tiene menos flexibilidad y es el primero que muestra dolor en síntomas de artritis o inflamación.

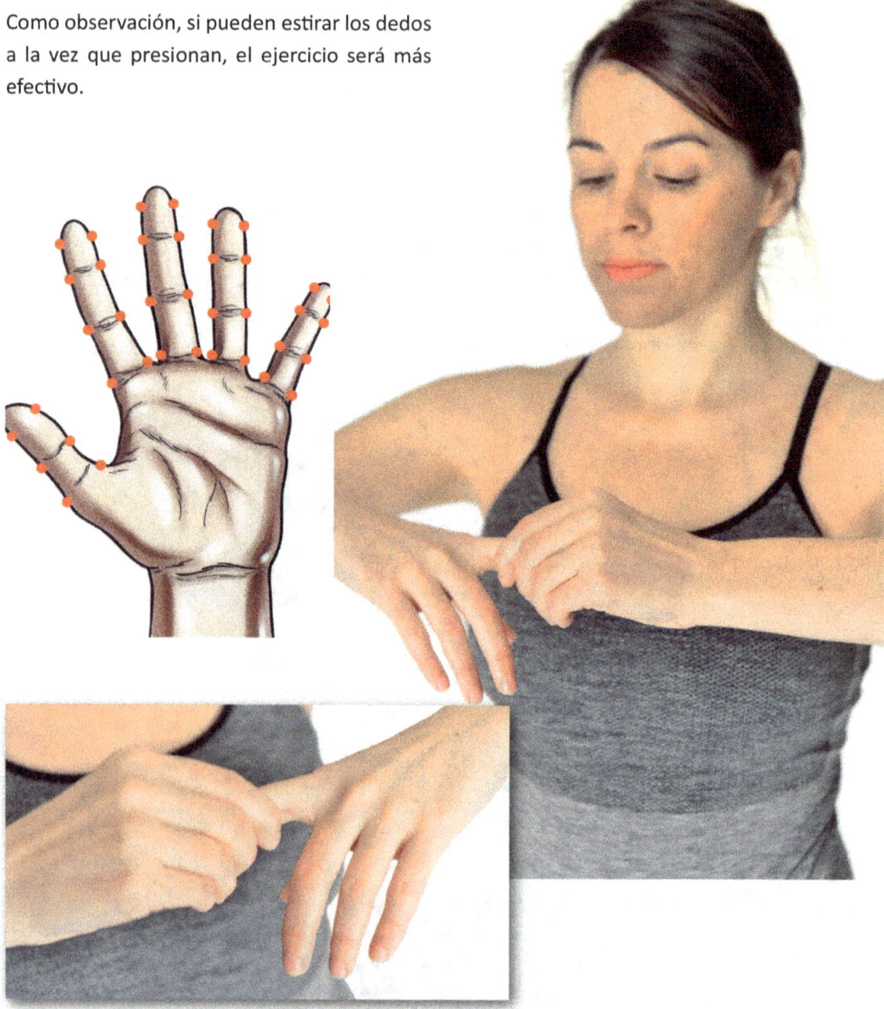

Cuando dormimos por la noche, hay veces que notamos un dolor o calambre en los brazos (desde los antebrazos hasta los meñiques). Estas molestias duran unos segundos y cuando nos ponemos a dormir resurgen otra vez. Y durante el día hay ocasiones en que notamos una sensación de peso en la misma zona.

Normalmente estos síntomas son causados por problemas en las cervicales. Pero si las molestias se concentran en el brazo izquierdo, tengan precaución, ya que hay posibilidad de que su origen sea un problema del sistema cardiovascular. En este caso, los síntomas se hacen evidentes y ante la posibilidad de un infarto de miocardio debemos prestar atención a las señales que nos manda el cuerpo.

En Japón, se dice: «Los más odiados son aquellos cuya vida es más longeva». ¿Cómo será en España?

### 1. Ejercicio de pie

Primero levanten los dos brazos. Agarren el meñique de la mano izquierda empleando los cinco dedos de la mano derecha, cubriendo así todo el meñique. Manteniendo los brazos en alto y el meñique izquierdo agarrado, realicen la presión del citado dedo.

Contando desde la raíz del dedo, hay cuatro puntos. Utilicen los cinco dedos y la palma de la mano derecha para presionar.

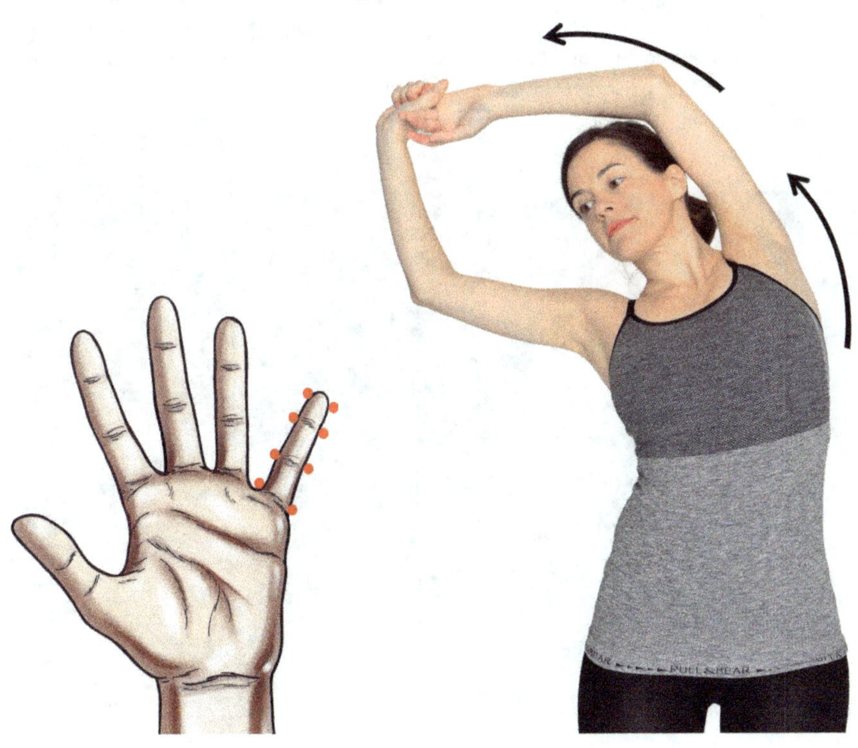

Repitan la presión tres o cuatro veces, y luego hagan un estiramiento del lado izquierdo tirando del meñique. El estiramiento debe ser gradual y lento. Para volver, realizar una respiración calmada al mismo tiempo. Unos treinta segundos es el tiempo que tardarán en completar la serie. Repitan tres o cuatro series.

Ya que el objetivo de este ejercicio es capacitar el corazón, la presión y el estiramiento solo se realiza en el lado izquierdo. Pero, por cuestión de equilibrio, les recomendaría una serie para el lado derecho.

# El dolor de la presión al recibir Shiatsu 圧痛

Hay gente que piensa que el Shiatsu es algo doloroso. También es cierto que hay algunos terapeutas que exageran: «si no aguanta este dolor, no se va a recuperar».

El dolor que produce un tratamiento de Shiatsu es un estímulo agradable; aun siendo una presión fuerte y profunda para llegar a los puntos con precisión, la fuerza no superará los 20 kilogramos.

El Shiatsu no es una tortura que haya que soportar sufriendo. La palabra Shiatsu, con el ideograma japonés, se escribe con dos letras: «dedo» y «presión». Sin embargo, la presión realizada solo por los dedos con demasiada agudeza produce un dolor desagradable.

En cambio, al presionar empleando todo el peso del cuerpo, la presión recobra flexibilidad y fuerza de penetración.

Nos sentimos identificados con la segunda opción. Hay gente que emplea los codos y las rodillas, incluso los pies, para la terapia; esto es una demostración de fuerza y no se puede llamar Shiatsu.

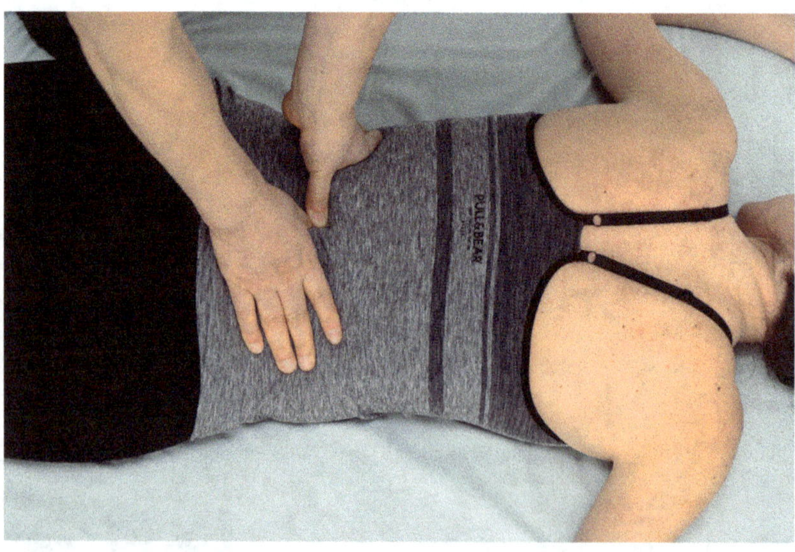

El dedo pulgar posee una sensibilidad mucho más desarrollada. Por eso se emplean los dos ideogramas citados: «dedo» y «presión».

En Japón existió un terapeuta que empleó los codos y las rodillas para la terapia y al romperle las costillas al paciente, tuvieron que ir a juicio.

En España también hay un alto índice de osteoporosis que produce fragilidad en los huesos, pudiendo una mala actuación del terapeuta llegar a romperlo.

Llegará el día en que los Gobiernos encuentren necesario un mayor control sobre estas terapias «bruscas». Me gustaría especialmente difundir un Shiatsu correcto, seguro y saludable a todo el mundo.

# 4. Shiatsu para el dorso de la mano 手の甲

En el dorso de las manos encontramos los huesos que, desde la muñeca pasando por los nudillos, continúan hasta los dedos; son los metacarpianos. Vamos, pues, a presionar los canales que se encuentran entre estos huesos.

Presionen en cuatro puntos utilizando el dedo pulgar de la mano contraria.

En el hueco entre el dedo pulgar y el índice se encuentran los puntos eficaces para regular el aparato digestivo y solucionan también problemas como la diarrea; además, también alivian el dolor de muelas.

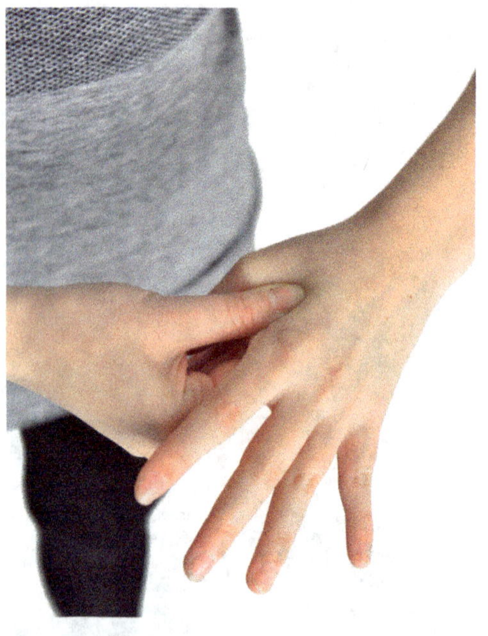

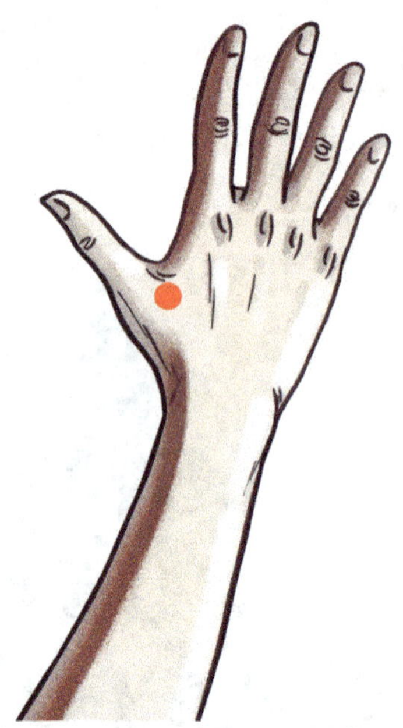

Ejercicio para las manos:

**1.** ||||||||||||||||||||||||||||||||||||||||||||||||||||||||||||||||||||||||

Abran todos los dedos con fuerza manteniéndolos durante cinco segundos.

**2.** ||||||||||||||||||||||||||||||||||||||||||||||||||||||||||||||||||||||||

Cierren despacio la mano formando un puño.

Aprieten el puño formado en el proceso anterior.

Diez de estos movimientos se cuentan como una serie. Realicen tres series.

# 5. Ejercicios para las muñecas 手首

La muñeca está formada por ocho huesos que nos permiten un giro de 360 grados.

La rotación de las muñecas relaja los codos y los hombros; además, es muy eficaz para tonificar la mente cansada.

La rotación de la muñeca debe ser amplia, utilizando toda la flexibilidad de la articulación. El movimiento se realiza a la vez en las dos muñecas, tanto hacia dentro como hacia fuera. Diez rotaciones lentas y diez rápidas completan una serie.

Repítanlo tres veces.

## Los puntos para el insomnio 不眠症のツボ

Para localizar el punto, colocamos la mano con la palma hacia arriba. Si recorren una línea desde el lado lateral del dedo meñique, a la altura de la muñeca, encontrarán un hueco; este es el punto del insomnio.

Si abren la palma de la mano será más fácil encontrarlo.

Presionen este punto con el pulgar de la otra mano y, al mismo tiempo, hagan rotaciones de la muñeca. Una presión dura de cinco a diez segundos. Repítanla cuatro o cinco veces. Este punto es conocido por su eficacia para calmar la mente.

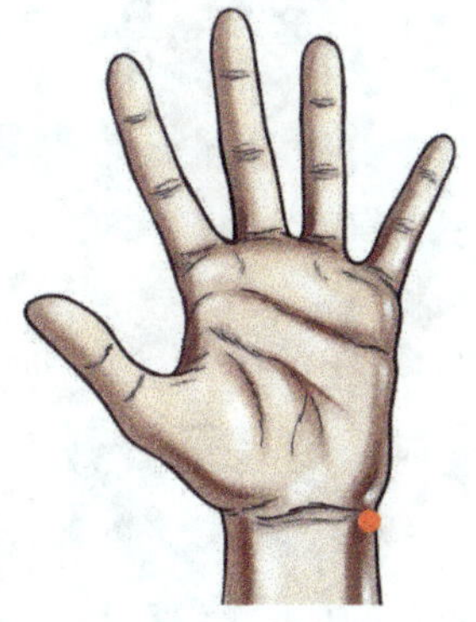

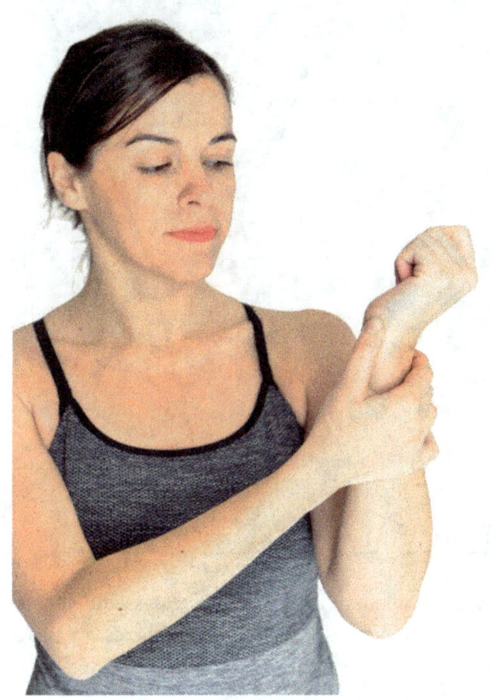

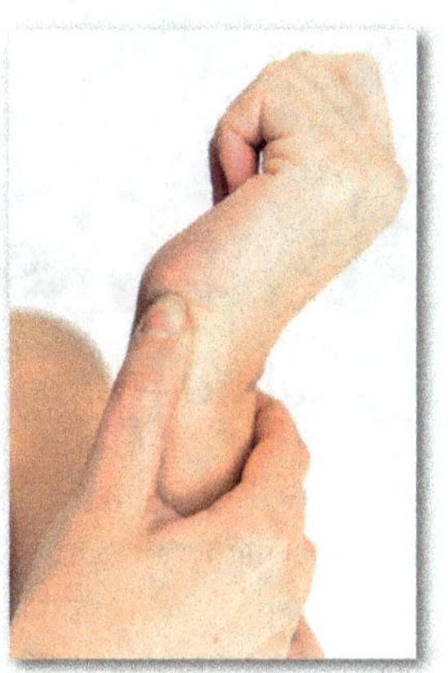

## Shiatsu para aumentar la resistencia del organismo ante enfermedades crónicas 自然治癒力を高める

En el centro de la muñeca del lado dorsal se localiza un hueco, aquí se encuentra el punto que ayuda en caso de enfermedades crónicas y también es conocido como la fuente de energía vital.

Sobre todo el que se encuentra en la muñeca izquierda es eficaz para prevenir las enfermedades propias de la mujer.

Presionen este punto con el dedo pulgar de la mano contraria, girando la muñeca a la vez. Son cinco segundos de presión con cinco giros, tres veces. Esta secuencia es una serie. Repitan tres series.

 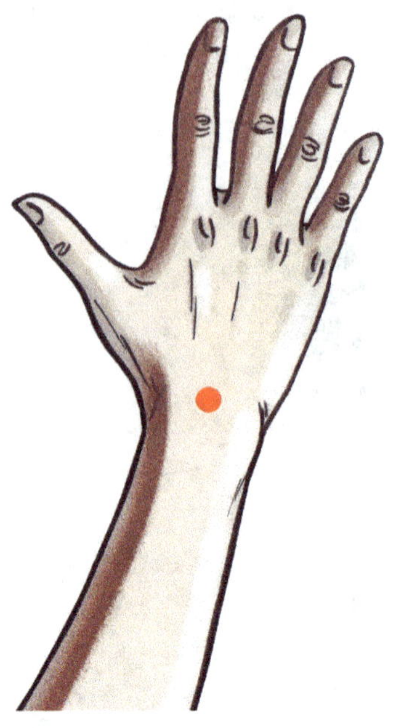

## ¿Cómo puedo tener unos huesos fuertes? 

El 25 de septiembre de 2000 murió el Maestro Tokujiro Namikoshi, fundador de la terapia Shiatsu. Tenía noventa y tres años. A su funeral acudieron unas tres mil quinientas personas que venían de todo el mundo. Yo tuve el honor de estar presente hasta la última ceremonia, junto al horno crematorio.

Según el ritual japonés, se recogen los huesos del difunto tras finalizar su crematorio, pasándolos con palillos de unos a otros para guardarlos en un cántaro. El representante italiano Palombini y yo guardamos su quinto hueso de la columna vertebral.

El encargado de la instalación señalaba que era sorprendente que el hueso de un anciano de noventa y tres años se mantuviese con una forma tan perfecta. Nosotros asentimos en señal de aprobación.

El Maestro Tokujiro rechazaba tomar medicamentos cuando cogía la gripe, y aun teniendo fiebre, decía: «Las enfermedades no hay que frenarlas con medicamentos, sino que hay que esperar hasta que pasen».

Era una persona que sonreía siempre y se movía de manera armoniosa y natural aun encontrándose mal. Si no tenía apetito no comía y si tenía pereza, no se movía.

Decía que cada persona realiza cada actividad como su cuerpo le permite. Incluso después de su muerte, el maestro nos demostró sus enseñanzas con el buen estado en que se encontraba su estructura ósea.

Aunque en nuestros días disponemos de mayor cantidad de alimentos y cocinar en casa resultaría más sencillo, la mayoría de los jóvenes no se preocupan de su alimentación y se decantan por la comida rápida *fastfood*, las hamburguesas y las pizzas preparadas.

En las comidas elaboradas se camuflan los ingredientes y las amas de casa ya no se pasan horas y horas cocinando a fuego lento, sino que utilizan el microondas para casi todo. Los alimentos que ingerimos tienen cada vez menos vitaminas y minerales y los padres, en lugar de cuidar la alimentación y hacer de ella una medicina preventiva, no saben más que dar medicinas a sus hijos cuando éstos enferman.

Estamos ante una época en la que la gente, cuando tiene cualquier molestia, se vale enseguida de los medicamentos. Si uno sufre dolor de brazo, se inyecta cortisona sin pensar en los efectos secundarios.

Al parecer nos hemos vuelto muy sensibles al dolor y a la vida cómoda. Opino que, hoy en día, la gente tiene que aprender a diferenciar entre tener una larga vida o vivir muchos años disfrutándola con plena salud.

La esperanza de vida ha crecido notablemente. Sin embargo, tampoco olvidemos el gran número de jóvenes que mueren víctimas de un cáncer (más adelante analizaremos estos hechos más detenidamente).

Bueno, continuando con la referencia sobre el funeral de Namikoshi, la misma persona que nos indicó la sorprendente fortaleza física del maestro, también nos contó: «Cuando traen los cadáveres de los jóvenes, tras sufrir un accidente de trafico o una grave enfermedad, se ve cómo los huesos se quedan sin forma después de quemarlos. Lo mismo pasa con los de aquellas personas que han tomado medicinas durante un período de tiempo muy largo».

El hecho de que los huesos de aquellas personas que pasaron la miseria de la posguerra sean más fuertes, indica que la riqueza y abundancia de hoy en día es solo superficial. Esto nos enseña y nos muestra cómo a consecuencia de la búsqueda de la comodidad, la salud

empeora, disminuye el funcionamiento del sistema autoinmune y con ello la resistencia del organismo frente a la enfermedad.

# 6. «Codo de tenista» y «codo de golfista» 肘痛

El movimiento *swing* del tenis frecuentemente produce dolencias en la parte externa del codo, un fenómeno que se conoce como «codo de tenista». Lo mismo sucede con el «codo de golfista», aunque en este caso el *swing* produce dolores en la parte interna del codo. Los tratamientos médicos más frecuentes para estos síntomas son la aplicación de láser, ultrasonido o métodos de filtración.

Es un error, como ya he explicado en páginas anteriores, el tratamiento que tiene en cuenta solo la zona problemática ignorando la globalidad del cuerpo. Hay que entender que el tratamiento no solo palia el síntoma, sino que detecta el origen del problema.

El «codo de tenista» y el «codo de golfista» surgen cuando se realiza el movimiento *swing* del brazo sin contar con la ayuda de la fuerza de las caderas.

Se dice que el golf es el deporte ideal para los de mayor edad. Obviamente, andar sobre el césped durante todo el día es saludable; sin embargo, también tiene sus inconvenientes, como posibles dolores en la zona lumbar y sacra, ciática o problemas de la articulación del codo, y lo que es común en todos: el posible infarto de miocardio debido a una emoción demasiado intensa.

Para su prevención, realicen los siguientes ejercicios:

*1.* ||||||||||||||||||||||||||||||||||||||||||||||||||||||||||||||||

Con el fin de prevenir problemas en los codos, realicen de treinta a cincuenta movimientos *swings* en el sentido contrario a la actividad deportiva que va a practicar.

*2.* ||||||||||||||||||||||||||||||||||||||||||||||||||||||||||||||||

¿Recuerdan la primera postura que hemos elegido para equilibrar el eje central del cuerpo? Aquel ejercicio en el que hacíamos fuerza en los dedos pulgares de los pies cerrando los lados. Pues lo realizaremos también en este caso.

*3.* ||||||||||||||||||||||||||||||||||||||||||||||||||||||||||||||||||||||||||||||||||||||||||||||||||||||||||||||||||||||||||||||||

Sujeten fuertemente la muñeca derecha empleando los dedos pulgar e índice de la mano izquierda y gírenla en los dos sentidos. Puede que escuchen cómo cruje la articulación después de un minuto.

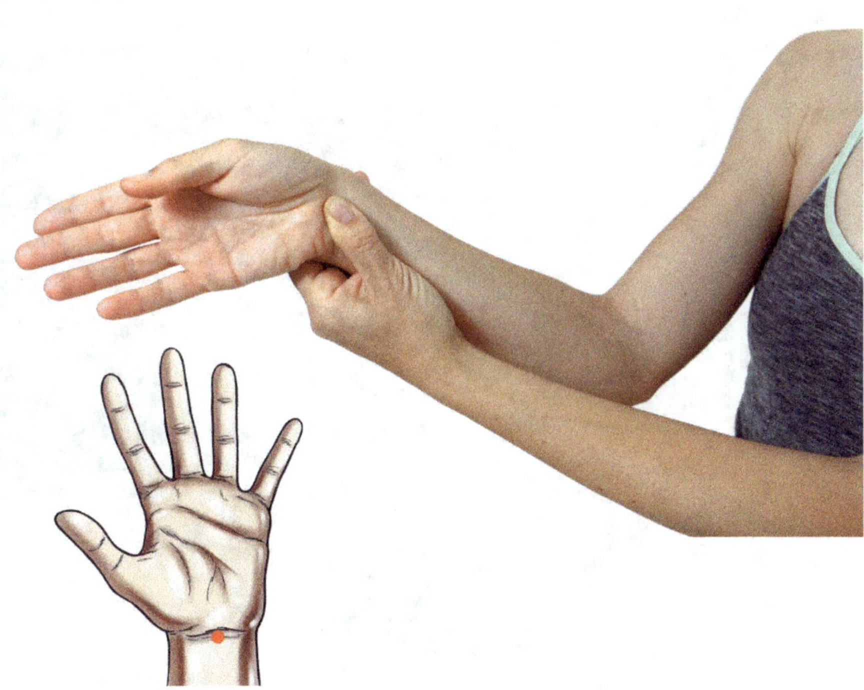

Doblen el codo derecho noventa grados y sujeten la parte inferior del ángulo, donde sobresale el hueso con el dedo pulgar izquierdo y, la parte exterior, con los cuatro dedos restantes.

Empleando todo el brazo desde el hombro hasta la muñeca, realicen treinta giros hacia dentro, y viceversa.

Notarán un estímulo con un ligero dolor en la zona de la articulación del codo.

*Observación* ___________________________________________________________

*Para dolores en los codos es muy eficaz pegarse un imán con celo con el fin de estimular la zona durante dos o tres días. Para ello tendrán que escoger uno de poca potencia. También funciona el método del granito de arroz, que ya he comentado.*

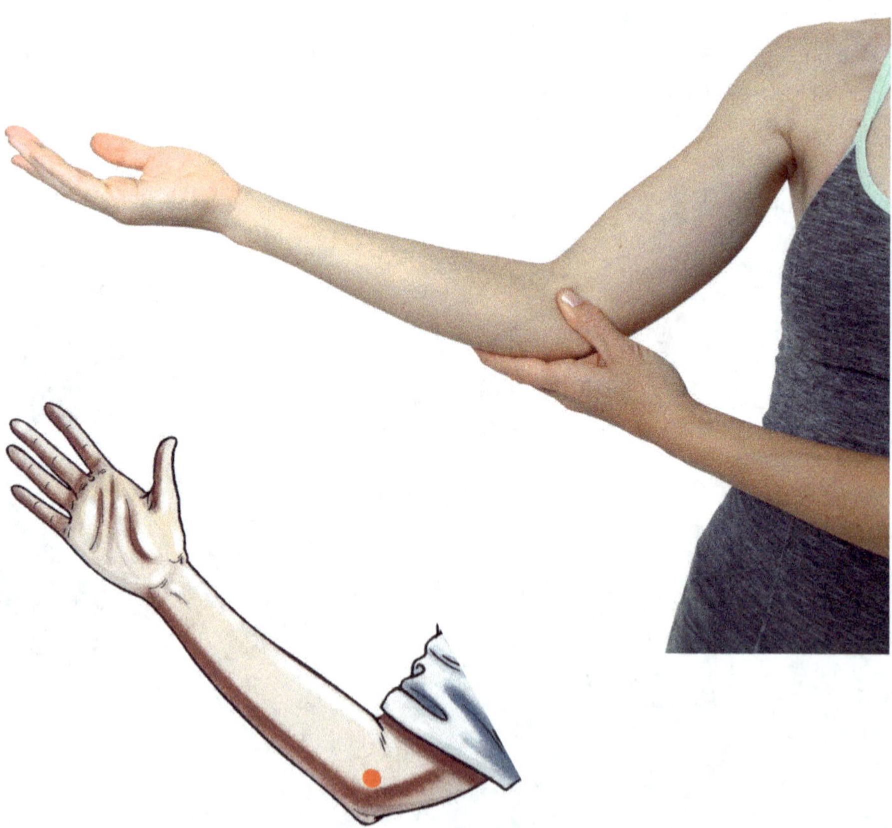

El último hueso de la columna vertebral es la quinta vértebra lumbar. Justo por debajo de este se encuentra el sacro. En los dos «lados» del sacro se encuentra el ilion. La presión en los puntos situados justo por encima favorece el movimiento rotatorio de la cintura. Realicemos Shiatsu en estos puntos; pueden realizar la presión de pie o sentados.

Presionen los cinco puntos del borde del ilion; el tercer punto, es decir el punto central, está situado en la parte más elevada del hueso. Co-loquen las manos en la cintura y presionen los puntos empleando los cuatro dedos (todos excepto el pulgar). Empiecen desde el punto más cercano al sacro. La presión de los cinco puntos es una serie. Repitan tres series. Al finalizar, giren la cintura hacia la derecha, y viceversa, notarán cómo su movimiento es más fácil.

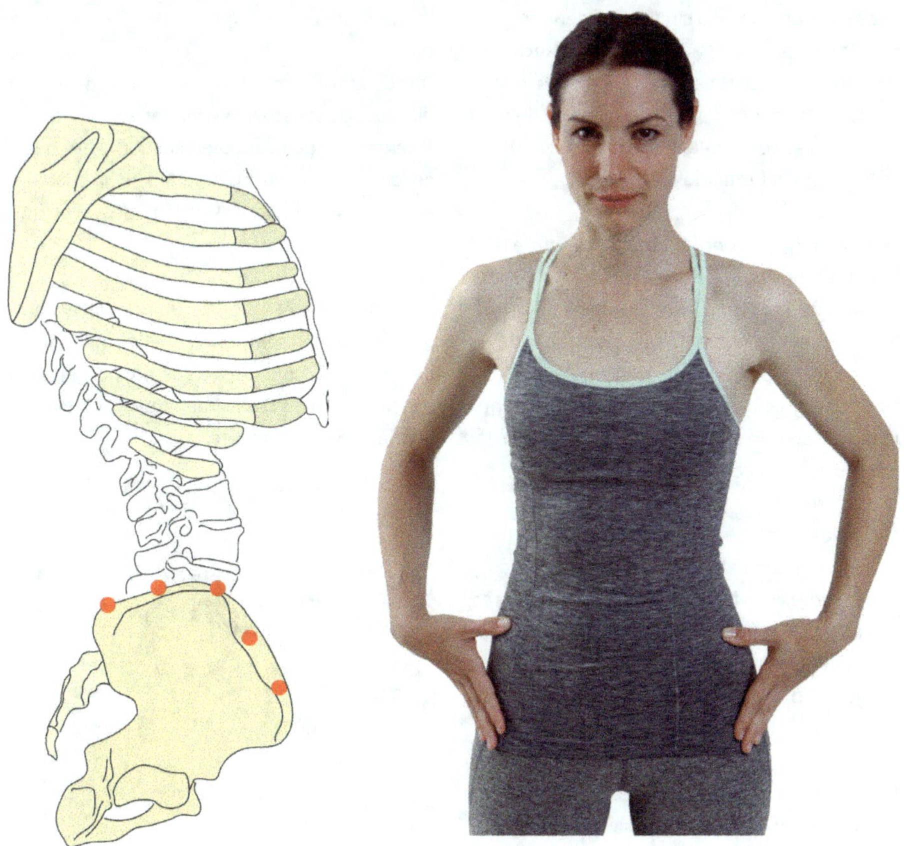

Pues ya hemos completado los ejercicios para combatir el «codo de tenista» y el «codo de golfista», hemos mejorado el movimiento de la cintura y relajado las articulaciones.

Hace tiempo se puso de moda en Japón, para mejorar la salud, un colchón que contenía granitos de imán. Recuerdo que mucha gente lo compraba a pesar de su elevado precio.

Mi padre también se lo compró a un amigo. Lo usé en un principio, pero en menos de seis meses el colchón quedó almacenado en el sótano y no lo volvió a utilizar ni habló nunca más del mismo.

Por el cuerpo humano circula una débil corriente eléctrica donde se acumula el cansancio y se concentran los cationes (iones positivos). El tratamiento magnético es la aplicación de aniones (iones negativos) en la zona, neutralizando así los cationes acumulados.

Normalmente, los productos de salud de este tipo utilizan los imanes de polaridad N que, aplicándose sobre la piel, alivian el dolor y la inflamacion con el sistema ya mencionado.

Estos tratamientos, incluido el Shiatsu, equilibran el cuerpo estimulando y calmando los puntos de cada zona, aunque el cuerpo humano se acostumbra y necesita cada vez mayores estímulos para que surta el mismo efecto (esto es similar a lo que ocurre con los antibióticos). Hasta ahora, los antibióticos eran muy eficaces, pero hoy en día que todo el mundo abusa de los medicamentos, ya no producen el mismo efecto dado que nuestro organismo se ha acostumbrado a ellos.

Por esta razón, yo procuro hacer el tratamiento con el menor estímulo posible. Siendo extremistas, para mí sería ideal poder tratar a los pacientes sin tocarles.

Una vez explicado esto piensen en las consecuencias que tendrían esos colchones con imanes por todas partes, hechos para estimular de forma ilimitada.

Al principio puede que desaparezcan los dolores, pero considerando que un tercio de nuestra vida lo pasamos durmiendo, es obvio que nuestro cuerpo se acostumbrase a ese estímulo y luego, pasado un tiempo, no tenga eficacia alguna. Lo que al principio parecía una ganga y merecía la pena gastar una fortuna, en poco tiempo se convierte en un estorbo y acabamos arrepentidos de la compra.

Tanto los colchones magnéticos como las plantillas de los zapatos con imanes son saludables si se utilizan de cuando en cuando. Pero nunca olviden que el cuerpo humano se va acostumbrando y demanda constantemente un estímulo mayor.

Mi conclusión es que las mejores inversiones para mejorar la salud son aquellas que no pueden pagarse con dinero, como por ejemplo ejercicios diarios de estiramientos, Shiatsu, una buena alimentación, etc.

# 7. El tratamiento Shiatsu para los músicos　音楽家

Hace tiempo traté a un pianista que tenía problemas de tendinitis en el dedo pulgar. Desde entonces tengo la ocasión de recibir muchos pacientes músicos en mi clínica.

La mayoría de los artistas son personas con una sensibilidad exquisita. Cuando un terapeuta no está concentrado por algún motivo, estas personas lo notan fácilmente.

Si en alguna ocasión las trataba con cansancio acumulado, me comentaban cuando se iban a marchar: «El tratamiento de hoy no ha estado muy bien, espero algo mejor en la siguiente sesión». Igualmente, cuando les trato con toda la concentración, tambien lo notan y al marcharse muestran su agradecimiento estrechándome afectuosamente la mano. Este entendimiento entre dos profesionales es muy grato para el terapeuta.

El tiempo de espera antes de un concierto produce una tremenda tensión. Cualquier otra persona que no tuviese esta profesión no soportaría la presión de la concentración o la respuesta del público y saldría corriendo antes de la actuación.

Los músicos ensayan más de ocho horas diarias para un concierto que durará dos horas y la única garantía de triunfo es la propia confianza por el esfuerzo y tiempo invertido. Supongo que el estrés que este trabajo conlleva es inmenso. Es una apuesta individual. Sin embargo, la gran satisfacción de tocar y ofrecer un buen concierto les da sensación de paz y supone una oportunidad para liberar la tensión acumulada; esto podría ser el motivo para programar otra actuación.

Para mí, es una profesión hermosa y los que se dedican a ella son personas muy especiales.

Los instrumentos musicales son muy diversos y para tocar la mayoría de ellos hacen uso de las dos manos y la musculatura pectoral. Al utilizar los músculos del pecho, también se mueven encadenadamente los hombros y los músculos de la espalda.

Cuando una persona se inclina hacia abajo, la zona alrededor de la primera y segunda vértebra dorsal sufre mucha carga. La mayoría de los músicos tienen esta parte muy tensa.

De esta zona surgen los nervios que controlan los órganos circulatorios (corazón) y respiratorios (pulmones). La opresión constante de esta zona puede ser la principal causa de síntomas muy comunes entre los músicos, como son las enfermedades relacionadas con los mencionados órganos.

*1.* ||||||||||||||||||||||||||||||||||||||||||||||||||||||

De pie, levanten los dos brazos y realicen el movimiento a braza de la natación.

Después, repitan diez veces el movimiento. Con los brazos levantados, describan un círculo manteniendo las rodillas ligeramente flexionadas. Las plantas de los pies deben estar pegadas al suelo. A continuación, repetimos los movimientos, pero esta vez con los brazos de frente, formando un ángulo de noventa grados respecto al cuerpo.

Repítanlo diez veces y realicen los movimientos al expulsar el aire. Estos ejercicios no son para los brazos, sino para el pecho.

*2.* ||||||||||||||||||||||||||||||||||||||||||||||||||||||

Para la relajación de los hombros, coloquen el dedo índice de la mano derecha en la clavícula izquierda y presionen hacia abajo. Es un punto muy sensible a la presión. Manteniendo la presión hagan al mismo tiempo un movimiento de rotación de los hombros: diez veces en el sentido de las agujas del reloj, y viceversa. Cuando hayan acabado con el hombro izquierdo, empiecen con el derecho.

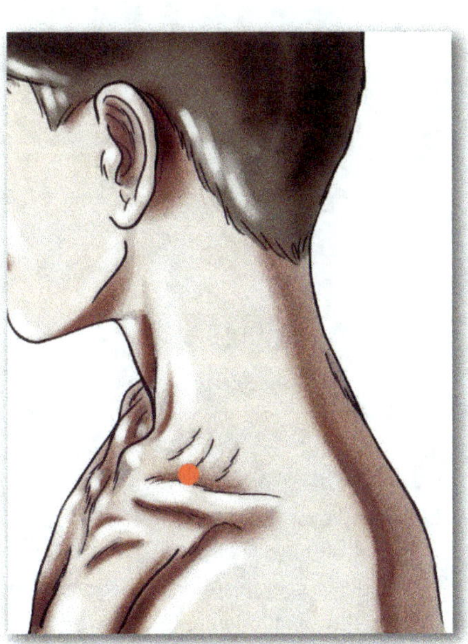

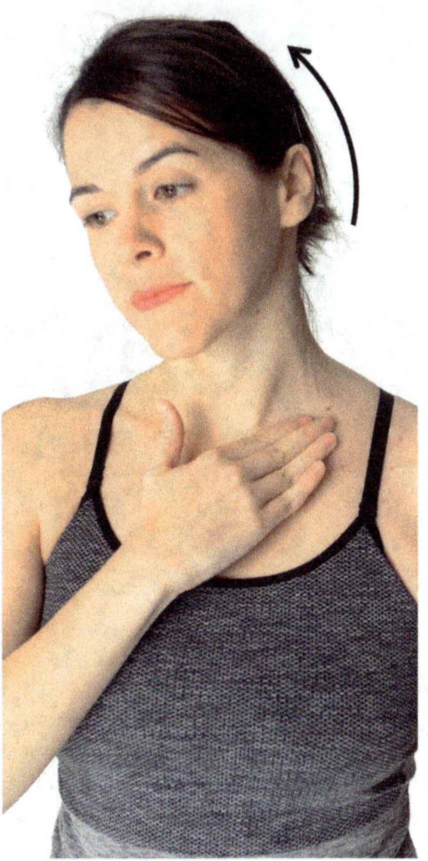

Para la relajación mental. Describan una línea a la altura de los pezones; el punto medio de esta línea es el que presionaremos (sobre el esternón).

Aunque más o menos se encuentra en esa posicion, es necesario buscar el punto más sensible. Utilicen los cuatro dedos de las dos manos (todos excepto el pulgar) y presionen al expulsar el aire.

Una presión durará de tres a cinco segundos. Repitan diez veces la presión y notarán cómo la respiración se hace más profunda y calmada.

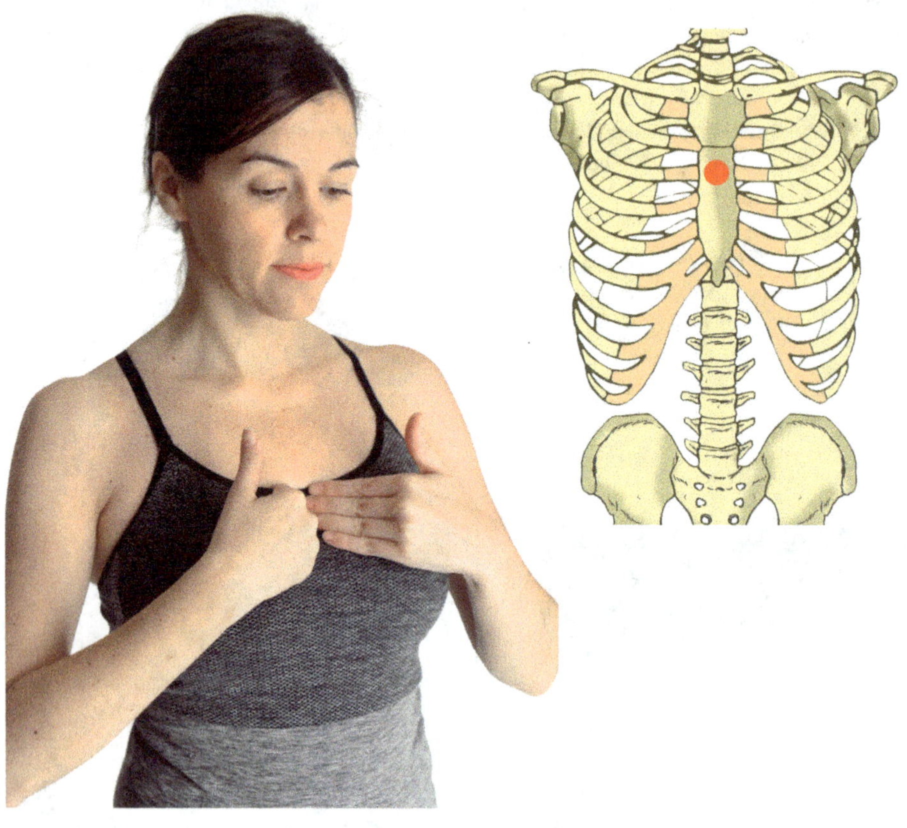



a) Siéntense y coloquen las manos sobre las lumbares, concretamente sobre la zona de los riñones. Cierren los ojos y permanezcan en esta posición durante unos cinco minutos.

b) Ahora lleven las dos manos al vientre, entre el ombligo y el pubis. En el *Tandén* es donde se acumula el *ki*. Cierren los ojos y respiren profundamente. Notarán la concentración del *ki*.

44

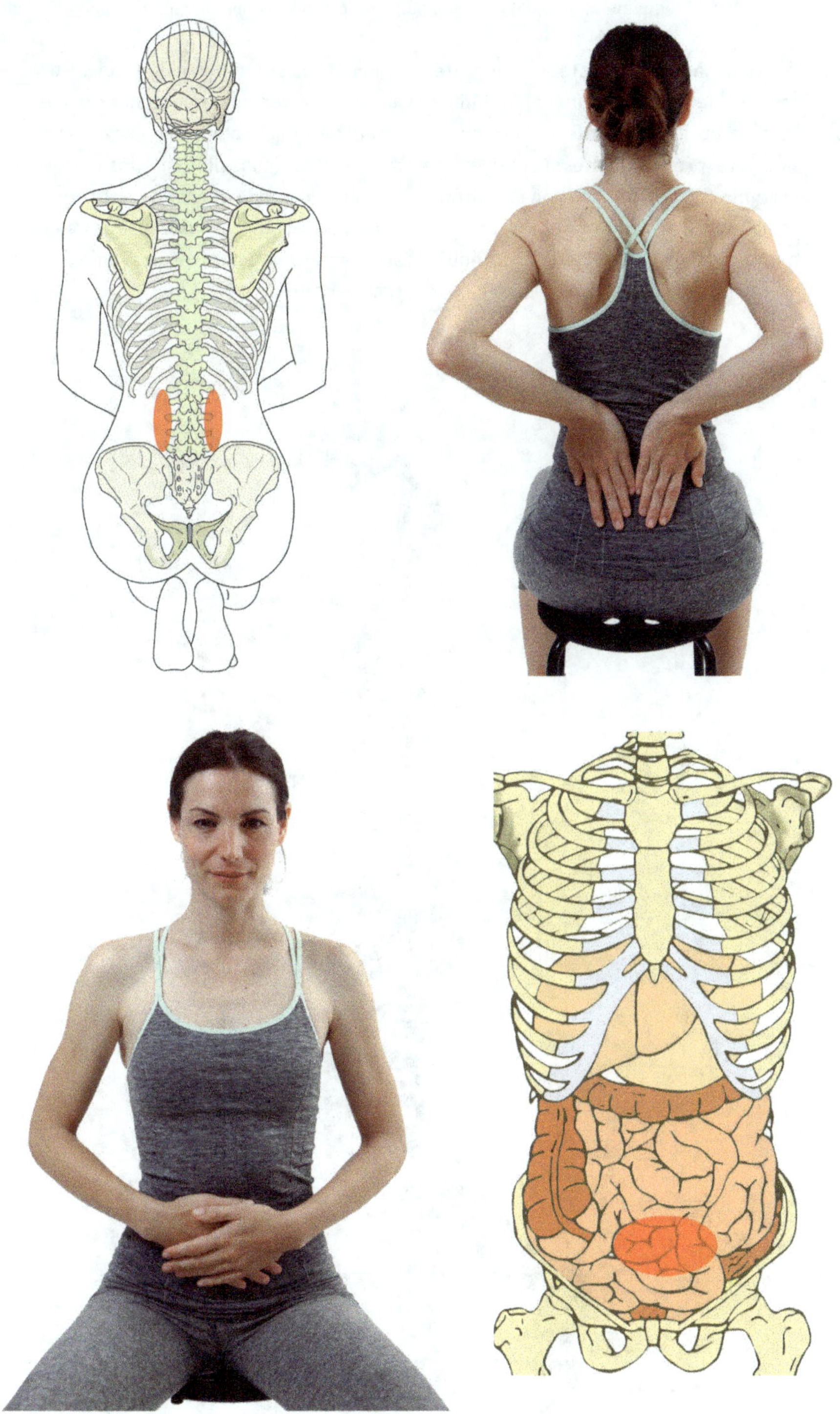

Al permanecer sentado durante mucho tiempo, se teme el debilitamiento de la parte inferior del cuerpo. Para prevenir este problema les recomiendo un paseo, con un ritmo relativamente rápido, de aproximadamente tres kilómetros como hábito diario.

Concentren el *ki* en el dedo pulgar de los pies, cierren ligeramente las rodillas y caminen hacia adelante. Exageren el movimiento de las piernas y los brazos. Al principio puede que les parezca duro, pero verán cómo se convierte en algo agradable a medida que vayan acostumbrándose.

# La cabeza fría y los pies calientes

Se dice tradicionalmente que tener la cabeza fría y los pies calientes (*zu kan soku netsu*, en japonés) es el estado más saludable. Sin embargo, en el contexto de la sociedad actual nos sucede todo lo contrario: las pantallas de los ordenadores, los conflictos familiares y las negociaciones estresantes hacen que suba la sangre a la cabeza; así también el aire acondicionado, el apretón de los zapatos o la conducción del coche producen la mala circulación de la sangre y el consiguiente enfriamiento de los pies.

La concentración de sangre en la parte superior del cuerpo supone un exceso de trabajo para el corazón. Las piernas son denominadas el segundo corazón, ya que con su movimiento favorece la circulación de la sangre, y si no hay una buena irrigación en los miembros inferiores es como si la parte superior estuviese flotando en el aire. El enfriamiento de los pies también dificulta el sueño y la cabeza sobreestimulada merma la concentración para realizar cualquier tipo de actividad.

«La cabeza fría y los pies calientes». Con esta frase tan simple nuestros ancestros nos enseñaban a cuidar de nuestra salud.

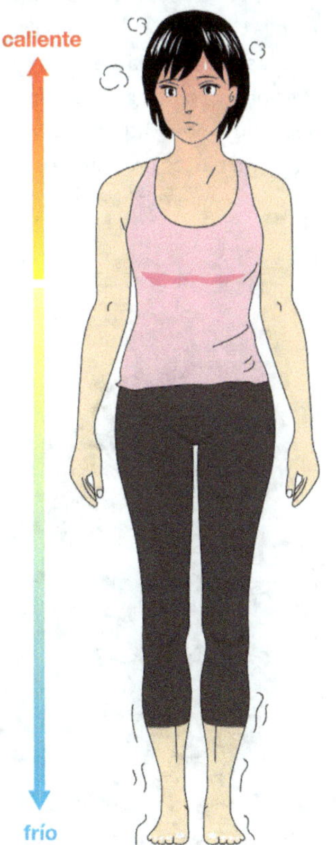


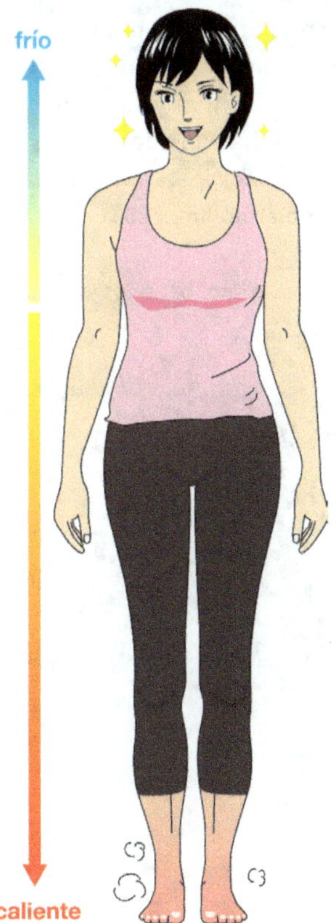

El dolor de cabeza puede ser provocado por diversos motivos: la tensión muscular que presiona los vasos y los nervios, la hipertensión, la descolocación de las cervicales, la menstruación, etc. Excepto en determinados casos graves, como tumores, es posible el tratamiento de Shiatsu para este problema. Sobre todo las jaquecas, que producen dolor en los lados de la cabeza, pueden ser causados por el cambio de clima, cansancio o estrés mental.

Observen cómo las personas, sin saber Shiatsu, se presionan la región de la sien, que es el punto de mayor eficacia para las jaquecas.

*1.*

Al tocar la nuca, siguiendo el hueso occipital con los cinco dedos, nos encontramos con diversos huecos. Entre estos hay dos o tres que producen un dolor muy agudo al presionar. Localicen estos puntos y presionen con el dedo pulgar. La presión adecuada es de diez segundos; también podría ser eficaz si presionan describiendo un círculo.

Ahora, busquen a ambos lados del cuello bajando desde la nuca con los cuatro dedos: hay un punto que sobresale a la altura de la segunda o la tercera vértebra cervical (c2-c3). El punto más desarrollado está en el lado derecho. Presionen con una duración de cinco a diez segundos sobre cada punto y repitan la presión cinco veces. Las presiones provocarán un dolor agradable que relajará la jaqueca.

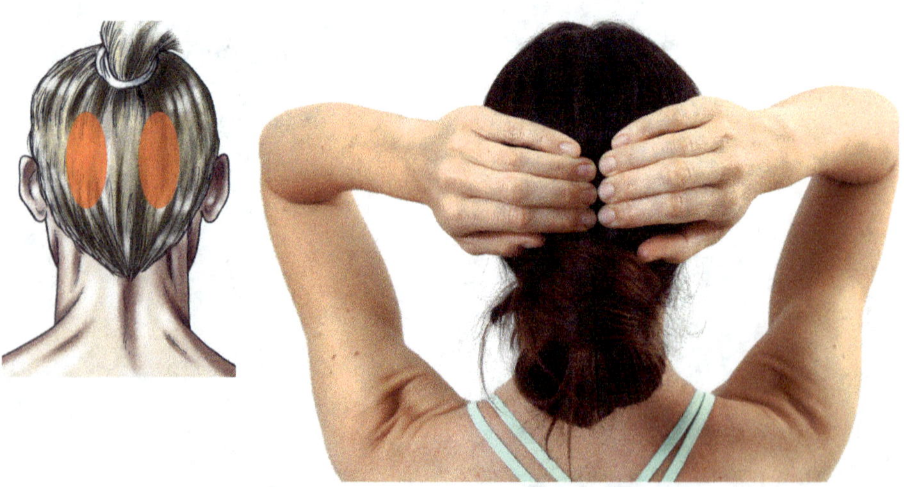

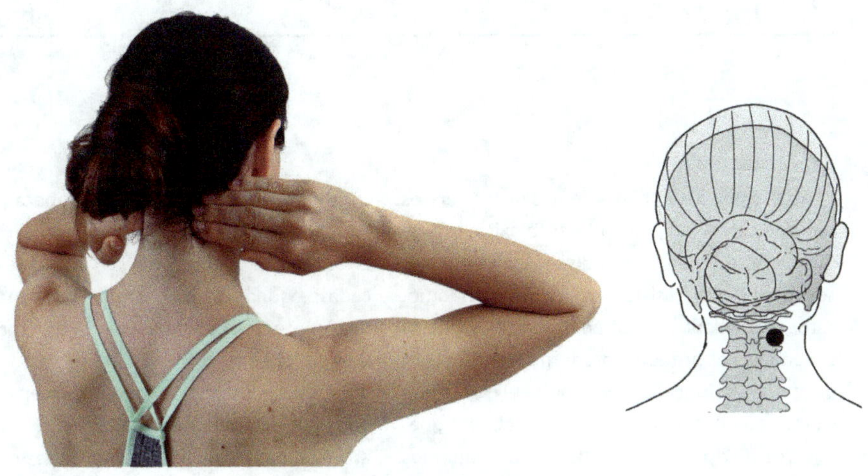

*2.* ||||||||||||||||||||||||||||||||||||||||||||||||||||||||||||||||||||||||||||||||||||||||||||||||||||||||||||||||||||||||||||||||||||||||||||||||||||||||

Los puntos en los pies. En el dorso de los pies podemos localizar un punto que produce un fuerte dolor al presionar donde se cruzan los huesos que parten del cuarto dedo y del quinto dedo.

Una vez localizado el punto, presiónenlo con el dedo pulgar de la mano durante unos diez segundos. Repitan la presión cinco veces aproximadamente y luego pasen al otro pie. Es muy importante localizar el punto en los dos pies. También es muy eficaz para el dolor de cabeza que haya sido producido por dolores menstruales.

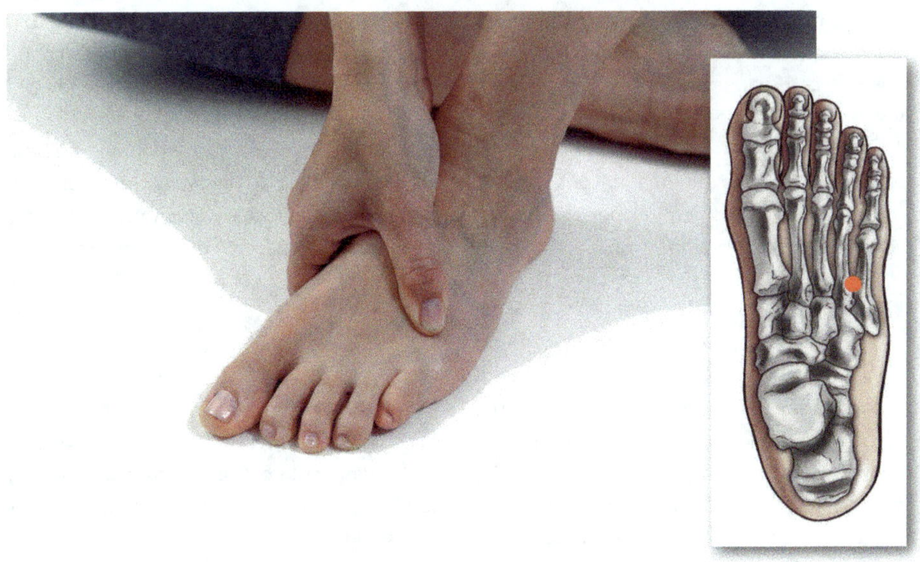

En el cuerpo humano, además de los nervios que controlan el movimiento existen otros que no se pueden controlar conscientemente, son los nervios del sistema nervioso autónomo. Estos se dividen en dos tipos: simpático y parasimpático. Los primeros predominan durante el día, tienen la función de estimular el organismo y gracias a ellos podemos llevar a cabo los quehaceres diarios. Por otra parte, los segundos predominan en la noche, relajando el cuerpo y provocando el sueño.

El insomnio aparece cuando esta alternancia se desequilibra.

Si toman té, leen libros o juegan a las cartas, y a continuación se acuestan, el sistema nervioso permanece activo y no puede calmarse. Necesita un período de tiempo para hacer bajar toda la sangre acumulada en la cabeza.

Los síntomas de insomnio son diferentes según cada persona: los hay que no pueden dormir fácilmente, los que se despiertan de madrugada y no pueden volver a dormir, personas que tienen el sueño ligero y que al despertar notan que no se han recuperado del cansancio del día anterior, etc. En cualquier caso, estas personas dormirán en otro momento del día, ya que una persona no puede vivir sin dormir.

Algunas soluciones para el insomnio:

## 1.

Sobre la medianoche, siempre hay un momento en el que una persona siente sueño. No se debe desperdiciar esta ocasión y hay que aprovechar para meterse en la cama.

Si después de unos minutos no consigue dormirse, realice varias respiraciones profundas soltando el aire de golpe.

El punto para el insomnio se encuentra detras de la base de la mandíbula, tres dedos por debajo del lóbulo de la oreja y debajo de la apófisis mastoide. Este punto también se utiliza para detectar el endurecimiento de las venas.

## 2.

El hambre dificulta el sueño. igualmente, dormir con el estómago lleno supone una sobrecarga para los órganos digestivos que fatigará al estómago y el hígado; además, será una manera de engordar, ya que el metabolismo durante la noche se ralentiza. Limítense a tomar un vaso de leche y algún cereal. Y antes de acostarse realicen un tratamiento autoshiatsu.

Para la gente que sufre de insomnio o arterioesclerosis, la presión de este punto puede ser bastante dolorosa. Empleando tres dedos y con las dos manos, presionen en los dos lados al mismo tiempo.

Empiecen con una presión ligera y cuando sientan que la zona se va relajando, hagan una presión más fuerte. No hay una duración determinada para este tratamiento, pero sí les puedo recomendar que lo realicen diariamente unos tres minutos antes de dormir.

Desde este punto y hasta el ángulo que forma el cuello y el hombro contaremos cinco puntos sobre los que realizaremos la presión. De esta manera relajarán la tensión de la zona facilitando así el sueño.

Este primer punto se llama «el punto del sueño agradable»; cuando presionen, sabrán por qué se denomina así.

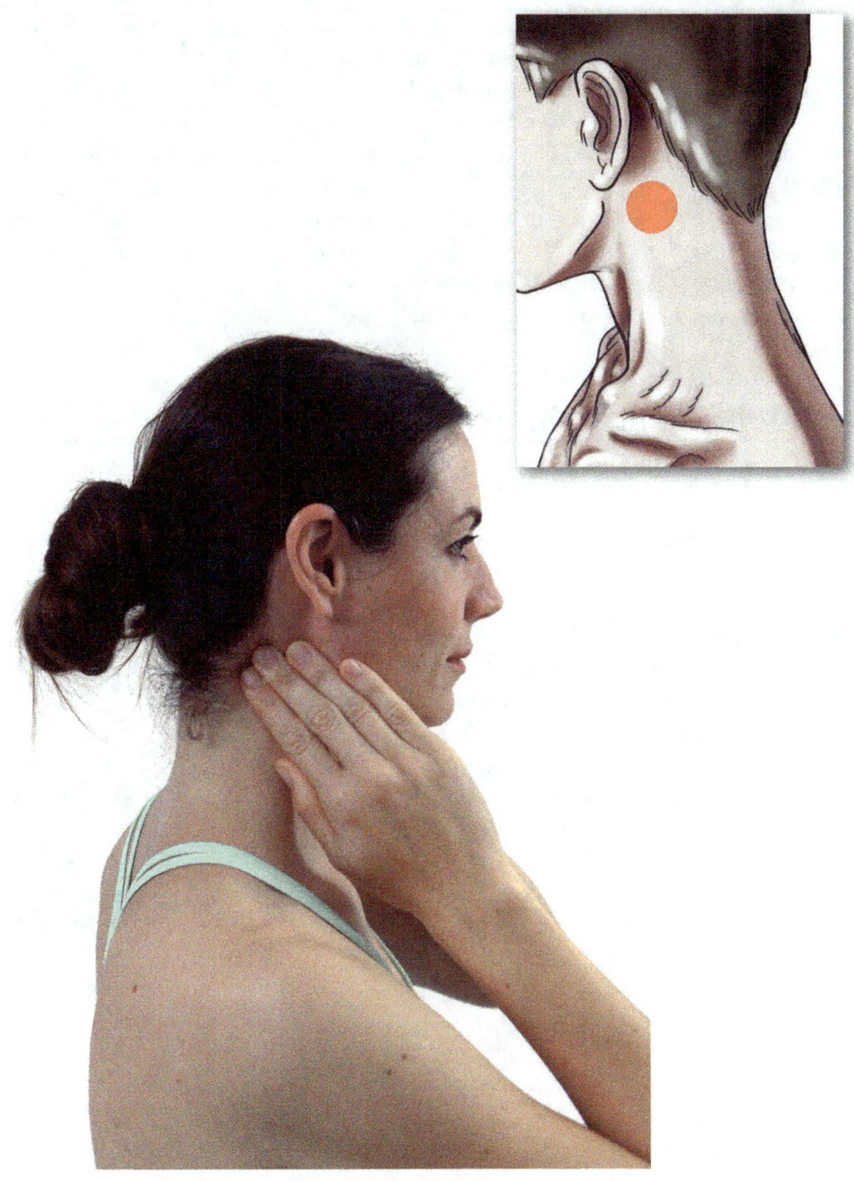

# 10. Para la tortícolis　　寝違え

Sucede en ocasiones que el cuello que estaba en perfectas condiciones antes de acostarnos, al levantarnos por la mañana se encuentra totalmente inmóvil.

Si esto ocurre en verano, al dormir con las ventanas abiertas, la causa podría ser el enfriamiento del cuello o de los hombros, pero pueden ser varios los motivos que causan esta rigidez.

Cuando estamos durmiendo, el cuerpo realiza todos los movimientos posibles para liberarse de las tensiones y del cansancio: moverse, sudar, etc. Sin embargo, si el cuerpo se encuentra en una situación de estrés mental o con demasiada acumulación de cansancio, no tendrá la energía suficiente para realizar dichos movimientos autocurativos y es ahí donde surge, a menudo, la tortícolis.

Nosotros concebimos la tortícolis como un aviso del cuerpo y pretendemos, además de quitar los dolores locales (el cuello), trabajar globalmente, es decir todo el cuerpo, para equilibrar la condición física.

## El punto de presión para la tortícolis　　寝違えのツボ

Utilizamos el punto que se sitúa en el dorso de la mano.

Abran los dedos índice y medio. Verán cómo los huesos de estos dedos forman una «V» en el dorso de la mano. Palpen estos huesos hacia la muñeca, donde se unen, es la zona que vamos a tratar. Empleen la punta del dedo pulgar de la mano contraria para presionar. Es un punto que al presionar produce un dolor agudo.

Realicen la presión fuerte con una duración de cinco a diez segundos. Repitan la presión unas diez veces y al mismo tiempo giren el cuello. Sentirán cómo, poco a poco, va disminuyendo el dolor y van recuperando la movilidad.

Cuando hayan acabado con una mano, empiecen con la otra. Hagan rotaciones con las otras articulaciones del cuerpo, los tobillos, las muñecas, etc., sobre todo en las zonas que encuentren más rígidas.

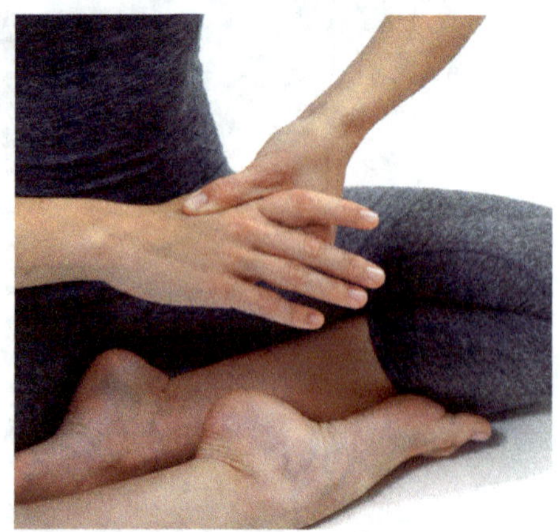

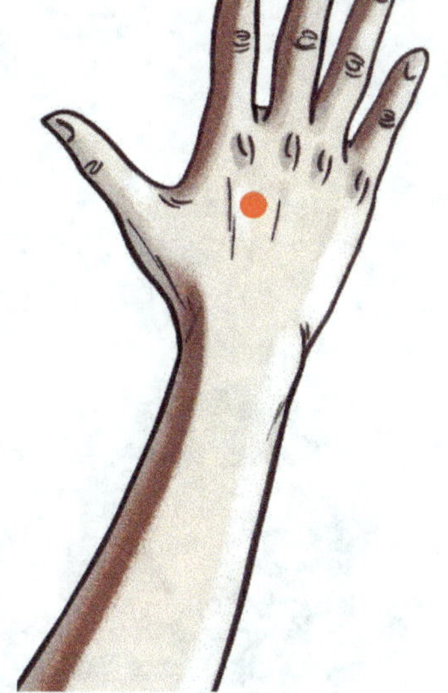

# *La función de la almohada* 枕

Una almohada tiene la función (aparte de proteger las cervicales) de bajar la sangre concentrada en la cabeza, consiguiendo un estado favorable para el cuerpo, tal como he mencionado anteriormente.

Cada persona tiene sus preferencias sobre la altura de la almohada. Normalmente, los que tienen las cervicales rectas prefieren una almohada baja; por el contrario, las prefieren más altas aquellos que tienen la mandíbula hacia afuera por desgaste de las cervicales.

En mi opinión, me parece que las personas que eligen la segunda opción son frecuentemente personas muy serias (para mí, demasiado) y que a menudo encajan en la descripción de «tozudos» y «cabezotas».

Nos encontramos muchas veces con los anuncios de «almohadas farmacéuticas», que son almohadas de elevada altura para fijar la posición de la cabeza y que supuestamente son beneficiosas para las cervicales.

A lo sumo podría ser adecuado para aquellas personas que no realizan ningún movimiento durante el sueño, pero hay otras que se mueven de forma instintiva durante el mismo.

Dichos movimientos tienen la función de regular las articulaciones y hacer descansar al cuerpo. Lo importante es buscar una almohada adecuada: altura, dureza, etc., para cada persona. Una almohada que se adapte a nuestro cuerpo nos promete un sueño profundo con el consiguiente descanso.

Tradicionalmente, en Japón se utilizaba como
material para la fabricación de una almohada
cáscaras de arroz o judías secas, consiguiendo
así el ajuste de la altura y la dureza.

54

Para problemas en las cervicales o una hernia de disco.

Cuando los médicos diagnostican estos problemas, es muy común que manden a los pacientes una serie de ejercicios centrados únicamente en las zonas afectadas. Sin embargo, nosotros los terapeutas consideramos el problema de otra forma. Hay que tener en cuenta que las cervicales (que son siete huesos) están conectadas a las vértebras torácicas (doce), a las vértebras lumbares (cinco) y al sacro.

El hecho de que todos estos huesos estén conectados deja abierta la posibilidad de que las molestias en las cervicales hayan sido causadas por problemas en otras vértebras.

Nosotros concebimos la columna vertebral (el conjunto de todas las vértebras mencionadas) como una unidad, evitando así una terapia parcial y mejorando el cuerpo del paciente en su totalidad.

El ejercicio básico para las molestias de la columna vertebral lo realizarán de la siguiente forma:

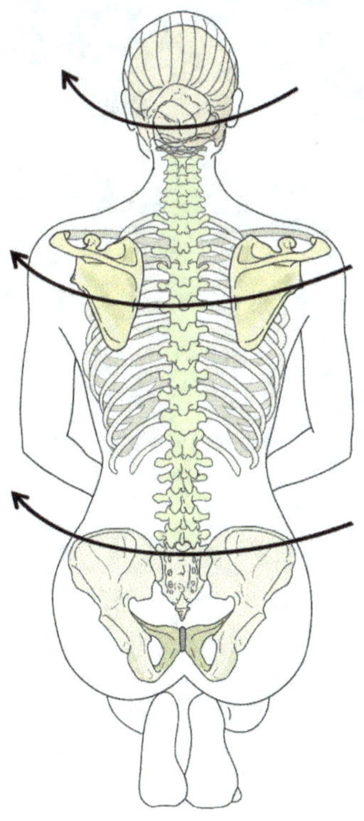

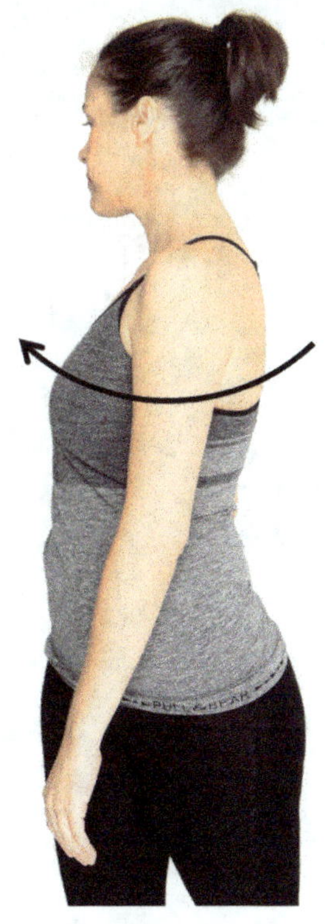

*1.* ||||||||||||||||||||||||||||||||||||||||||||||||

De pies y totalmente relajados, giren la cabeza despacio hacia un lado.

*2.* ||||||||||||||||||||||||||||||||||||||||||||||||

Cuando hayan notado el límite del giro, mantengan esa posición y pasen esa fuerza de rotación al pecho, es decir, a la columna torácica.

*3.* ||||||||||||||||||||||||||||||||||||||||||||||||

De la misma manera, cuando la rotación de la columna torácica haya alcanzado su máxima rotación, lleven la fuerza hacia las lumbares. Así, continúen el giro en los muslos, rodillas, tobillos y, finalmente, a las plantas de los pies.

*4.* ||||||||||||||||||||||||||||||||||||||||||||||||

Una vez alcanzada la planta de los pies, vayan soltando la fuerza despacio para volver a la posición inicial espirando lentamente.

Es un ejercicio para relajar las articulaciones y también eficaz para las pequeñas molestias.

Realicen cinco repeticiones a cada lado.

**Observación**

*Procuren mantener la planta de los pies bien firmes en el suelo, concentrando la fuerza en el primer dedo (pulgar del pie).*

# 12. La espalda encorvada<br>(Neko-ze, la espalda de gato) 猫背

Las personas con bajo rendimiento físico suelen tener la espalda encorvada y la postura les obliga a bajar la cabeza.

Cuando hay que mirar de frente, por ejemplo para hablar con alguien, sus miradas van de abajo a arriba; es una mirada que da impresión de miedo o de desconfianza. Les sobresale la barbilla, y la tensión llega hasta los órganos respiratorios, puesto que el pecho sufre la presión causada por la espalda y dificulta la respiración broncopulmonar.

Además, este tipo de personas suelen tener poca expresividad en su rostro; son personas que hacen decaer el ambiente que les rodea.

A esto se le llama *ki negativo* («aire negativo»).

En cambio, las personas decididas tienen la es-

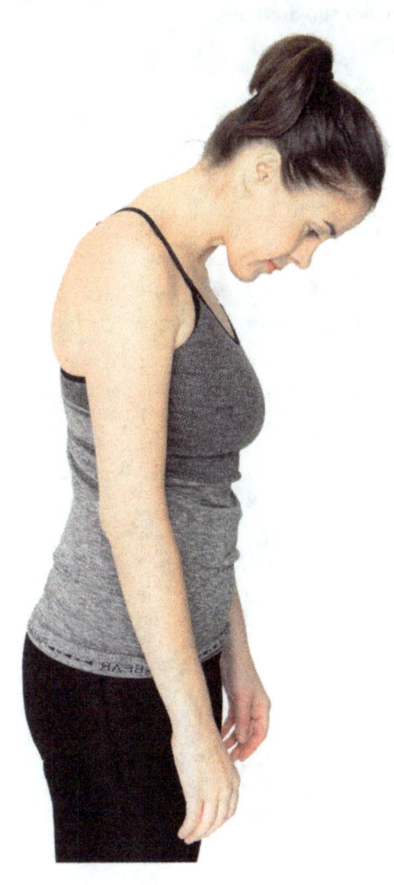

palda recta, te miran de frente y dan sensación de seguridad. Al tener el pecho también recto, la respiración es profunda y calmada.

Son los más adecuados para ser líderes, y es una persona enérgica, que da confianza, la gente les escucha y tienden a acercarse a su lado.

A estas personas les acompaña el *ki positivo* («aire positivo»).

En ambos casos, lo que determina su forma de ser es el *ki* que tienen en su interior.

En el ideograma japonés, la palabra *ánimo* se escribe con dos letras: «origen» y «Ki».

Luego se puede traducir como el lugar de donde surge la energía, y en el caso de la palabra *vitalidad*, que se escribe también con dos letras: «energético» y «Ki» de nuevo.

Es decir, la vitalidad es el movimiento del *ki*. La enfermedad se escribe con las letras «sufrimiento» y «ki». Creo que no necesita más explicaciones, la enfermedad es un estado en el que el *ki* está sufriendo. Y por último, la palabra *tratamiento* está compuesta por las letras «poner» y «mano».

Las personas con la espalda encorvada tienen permanentemente el pecho oprimido, lo que provoca a menudo patologías relacionadas con los órganos respiratorios y circulatorios, ya que en esa zona se encuentra el corazón y los pulmones.

Para mantener la espalda recta, realizaremos una serie de ejercicios.

Hay que tener siempre el pecho firme; realicen el siguiente ejercicio de estiramiento:

*1.* ||||||||||||||||||||||||||||||||||||||||||||||||||||||||||||||||||||||

Levanten los dos brazos y crucen los dedos con las palmas mirando hacia arriba. Manteniendo los brazos y el cuerpo estirado, inclinen la cintura ligeramente hacia la izquierda, y a la inversa. No olviden ir expulsando el aire al mismo tiempo y cuando hayan acabado de echar todo el aire, manténganse con los brazos estirados hacia arriba durante dos o tres segundos y después relajen la fuerza. Tres veces equivale a una serie. Repitan tres series.

*2.* ||||||||||||||||||||||||||||||||||||||||||||||||||||||||||||||||||||||

Abran los dos brazos en cruz, formando un ángulo de 90 grados con el costado. Expandan el pecho y estiren los brazos hacia atrás, expulsando el aire al mismo tiempo. Tres veces se cuentan como una serie. Repitan tres series.

La parte que une el hombro con el brazo y con el tórax es donde se encuentra la musculatura deltopectoral, que se tensa con facilidad.

Presionen con los cuatro dedos de la mano contraria (todos excepto el pulgar) el hombro que va a tratar. Este hueco se divide en tres partes: superior, media e inferior.

Busquen las partes que más duelan al presionar. Tres presiones se cuentan como una serie. Realicen tres series. Al finalizar, empiecen con el hombro contrario. Dediquen más tiempo al punto que tenga más tensión y presionen hasta que se relaje.

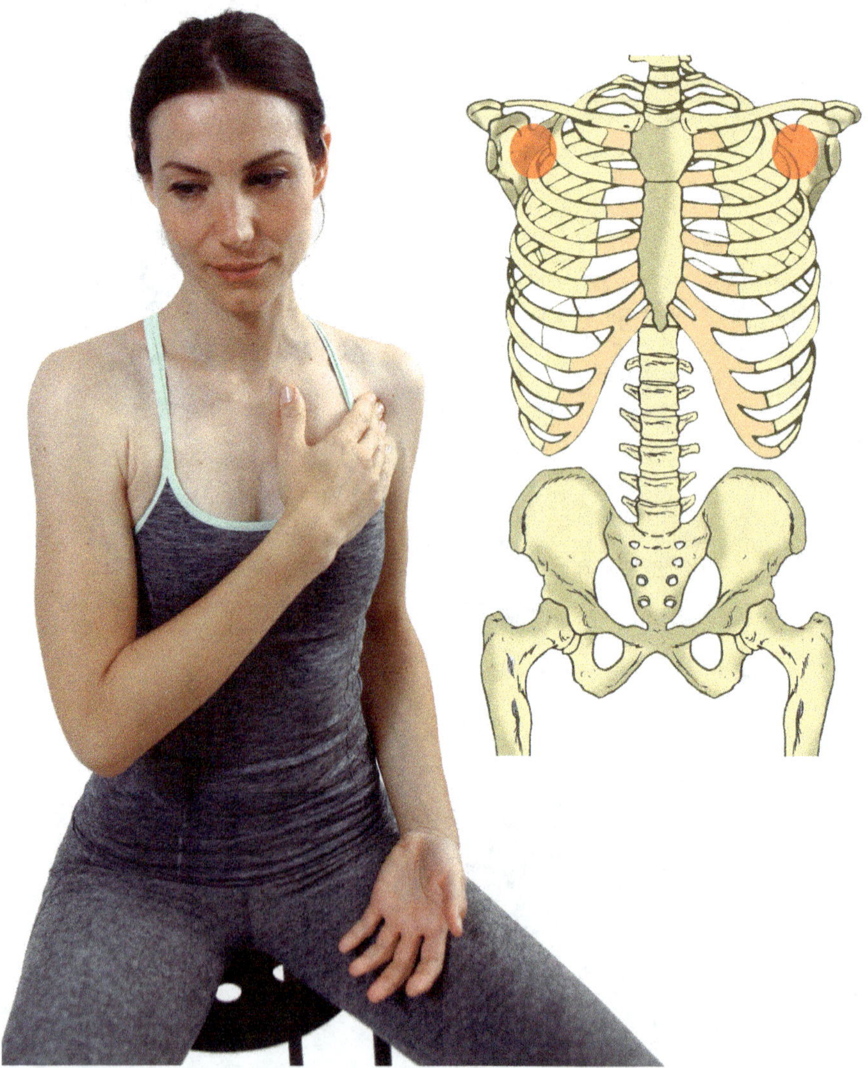

## 4

En el centro del pecho, a la altura de los pezones, hay un punto de presión llamado *Danchu*. Es un punto conocido por su gran eficacia contra la taquicardia y las depresiones. Nosotros tratamos con este punto a los pacientes que se encuentran con algún tipo de desequilibrio o estrés.

Debo advertirles que es un punto que duele bastante al presionar. Cuando hayan localizado el punto, utilicen el dedo pulgar para mantener la presión y presionen durante un minuto aproximadamente. Notarán cómo la respiración va recobrando su ritmo. También es eficaz pegar un granito de arroz en el punto para prolongar su efecto.

Muchos de mis pacientes me dicen que han cambiado su cama por un futón (colchón japonés duro). Parece ser que existe una creencia sanadora acerca del futón.

En otros casos, el cambio también se debe a la recomendación de algunos médicos a comprar un colchón duro para proteger la columna vertebral.

Sin embargo, cuando pregunto a estas personas que duermen en futón si se encuentran bien por la mañana al despertarse, la respuesta habitual es: «Me duele un poco la espalda al levantarme».

Observando la diferencia de aspecto físico entre los japoneses y los españoles, destaco lo siguiente: mientras que nosotros los japoneses tenemos el trasero más plano y la espalda recta, los españoles suelen tener el sacro más prominente y la columna vertebral más curvada.

Sinceramente, es envidiable tener una curvatura tan bella como la de los españoles; sin embargo, al dormir en futón y acostarse sobre una superficie plana, esta curvatura origina un hueco debajo de las lumbares. Es la causa del dolor de la espalda al levantarse, ya que el mencionado hueco hace que las lumbares permanezcan durante toda la noche en tensión.

Para paliarlo se puede pensar en alternativas, como tumbarse boca abajo o de lado, pero sin olvidar que la postura más natural para dormir es tumbado boca arriba.

De hecho, a la mayoría de ustedes les recomendaría un colchón menos duro que permitiese un ligero amoldamiento de las curvaturas de la espalda, descansando así el cuerpo sobre una superficie acogedora.

Además de los movimientos que realizamos durante el sueño, que son beneficiosos para el descanso, es recomendable invertir en una cama grande para poder movernos libremente. Por la misma razón, es saludable dormir individualmente en cada cama, pero si les preocupa la paz matrimonial podemos descartar esta opción.

El dolor en las lumbares tiene una variedad innumerable de causas: disfunción en los órganos internos, el estrés psíquico, problemas en los músculos de la espalda, hernia de la columna vertebral, la sobrecarga de peso por embarazo, problemas hormonales (por ejemplo, la diabetes), dolores menstruales, malas posturas, etc. Diríase que no hay otro síntoma con tantas causas posibles. La zona lumbar se sitúa en el centro del cuerpo, así que no es de extrañar que todos los problemas se concentren en esta zona.

A grandes rasgos, el dolor lumbar se puede dividir en tres tipos: el crónico, el agudo y el que aparece como reacción a un movimiento brusco. En este apartado me gustaría centrarme en el dolor agudo o lumbago.

Llamamos lumbago a aquel dolor parecido a un electroshock que recorre toda la espalda y que nos deja totalmente paralizados. Esto se produce muchas veces cuando levantamos objetos pesados, con una mala posición, o cuando nos estiramos bruscamente para coger algo que está en lo alto de una estantería. Es un dolor horrible, no hay palabras para expresar este sufrimiento que crispa hasta la expresión del rostro.

En los dolores agudos y con inflamación hay que enfriar la zona. *Ni se les ocurra* tomar un baño para calentar la zona, ni dar masajes o pasar la mano; todo esto solo empeoraría la situación. (Solo los terapeutas profesionales de Shiatsu sabrían cómo presionar sobre la zona lesionada.)

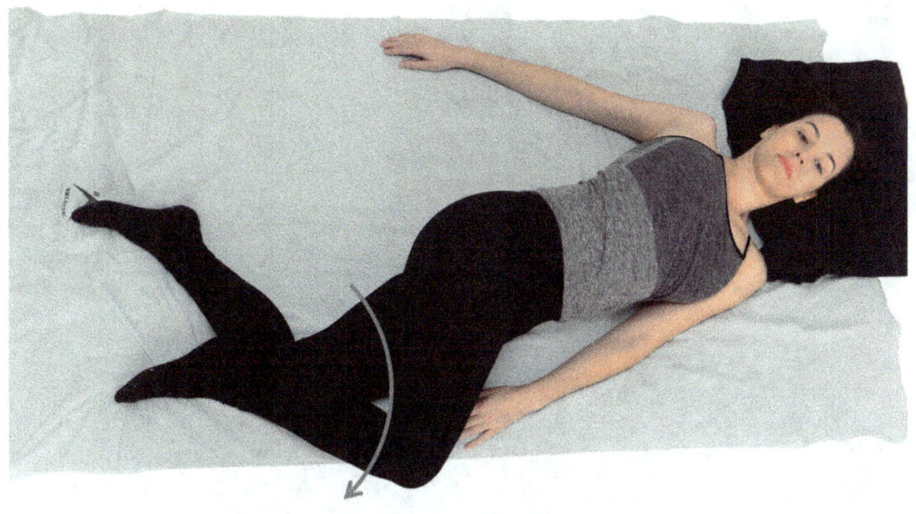

Túmbense boca arriba, flexionando las rodillas. A continuación, crucen las piernas y trasladen solo la parte inferior del cuerpo hacia un lado; la pierna que se ha colocando encima será la que empuje. Alternen las piernas y localicen el lado que más molesta.

Permanezcan en esta posición (echándose hacia el lado menos molesto) durante cinco minutos. Luego, suelten las piernas cruzadas, flexionándolas nuevamente e inclínelas primero hacia un lado y luego hacia el otro (cinco veces por lado); notarán alivio del dolor.



Ahora les enseñaré el punto de presión, situado en el dorso de la mano. Presionaremos la mano del lado lumbar que más molesta. Para su localización hay que inclinar las piernas hacia ambos lados y así sabremos qué mano hay que tratar.

Presionen con el dedo índice de la otra mano el hueco que se encuentra entre los huesos que llegan a ser el dedo menique y anular. Donde se unen los metacarpianos, formando una «V», está el punto para el dolor de las lumbares. Presionen el punto con fuerza empujando a su vez, ligeramente hacia la muñeca, durante uno o dos minutos.

Tras soltar la presión, descansen unos treinta segundos respirando tranquilamente. Repitan este proceso tres veces.

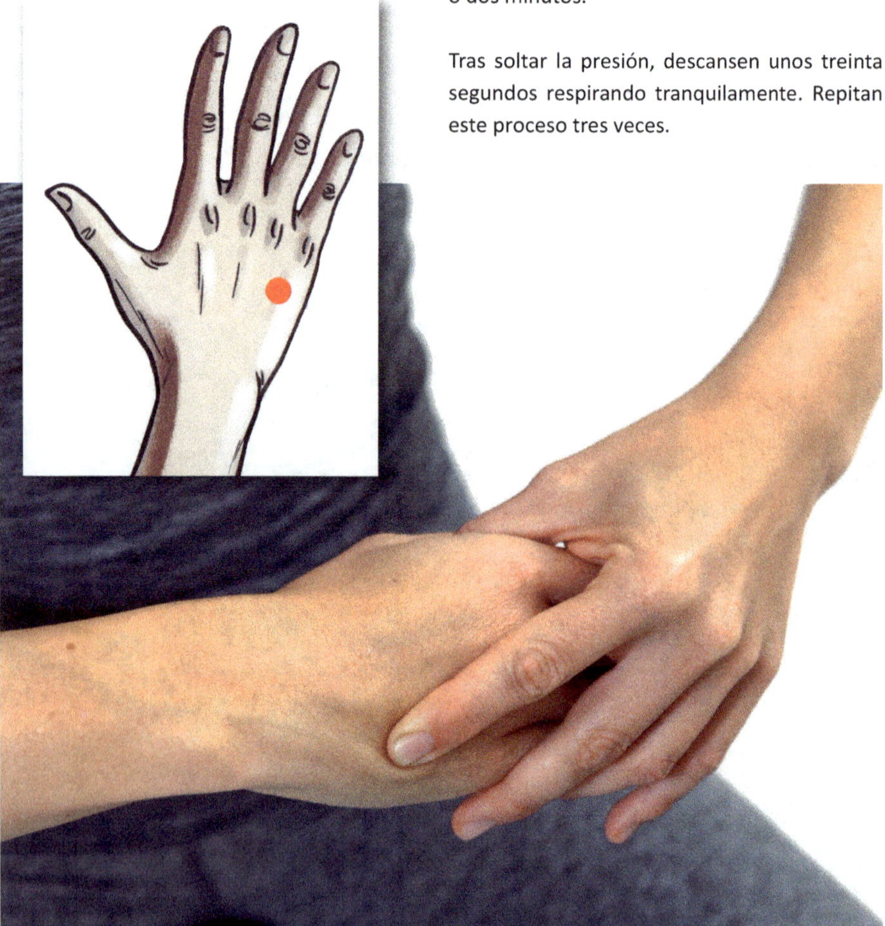

Otro punto que se encuentra en el pie se sitúa entre el tendón de aquiles y el hueso del tobillo (lado externo). Coloquen el dedo pulgar de la mano sobre la parte más alta del tobillo y presionen hacia los dedos del pie.

Entre el tendón de aquiles y el hueso del tobillo encontrarán un hueco, y si presionan en el centro notarán un pequeño bulto. Este es el punto que vamos a tratar. Presionen con fuerza, empleando el dedo pulgar de la mano, y al mismo tiempo realizen movimientos de rotación con el tobillo. Diez vueltas en el sentido de las agujas del reloj, y viceversa.

Esto cuenta como una serie. Repitan tres series.

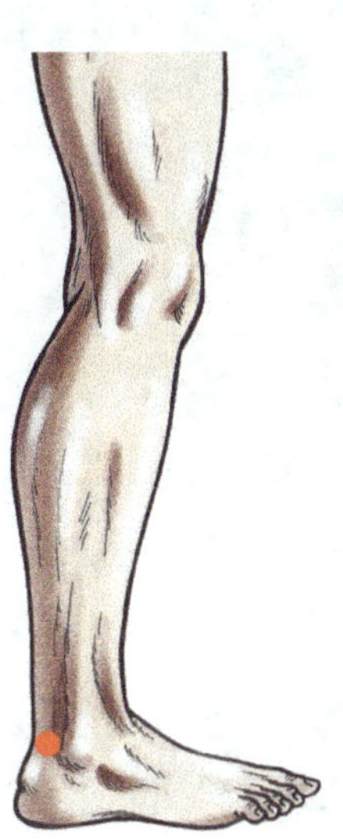

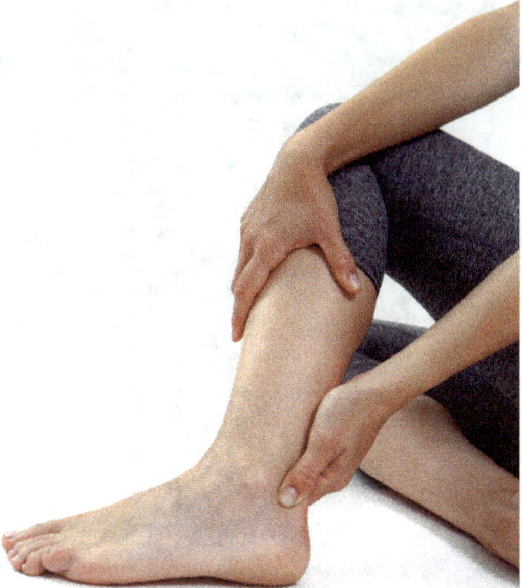



Túmbense boca arriba con las rodillas flexionadas. Coloquen la palma de la mano derecha sobre la zona intermedia entre el ombligo y el pubis y superponga la mano izquierda.

La energía vital y el calor que produce la mano relajará esta zona, que en japonés se llama Tandén. Permanezcan así, cerrando los ojos, durante unos cinco minutos.

Después describan una línea que una el ombligo y el hueso de la cadera (la espina ilíaca anterosuperior) y presionen el borde del músculo recto mayor del abdomen. Empleando los cuatro dedos de las dos manos (todos excepto el pulgar), presionen hacia el centro (hacia la columna vertebral), expeliendo aire de forma tranquila.

Mantengan la presión unos cinco minutos hasta que se relaje el punto.

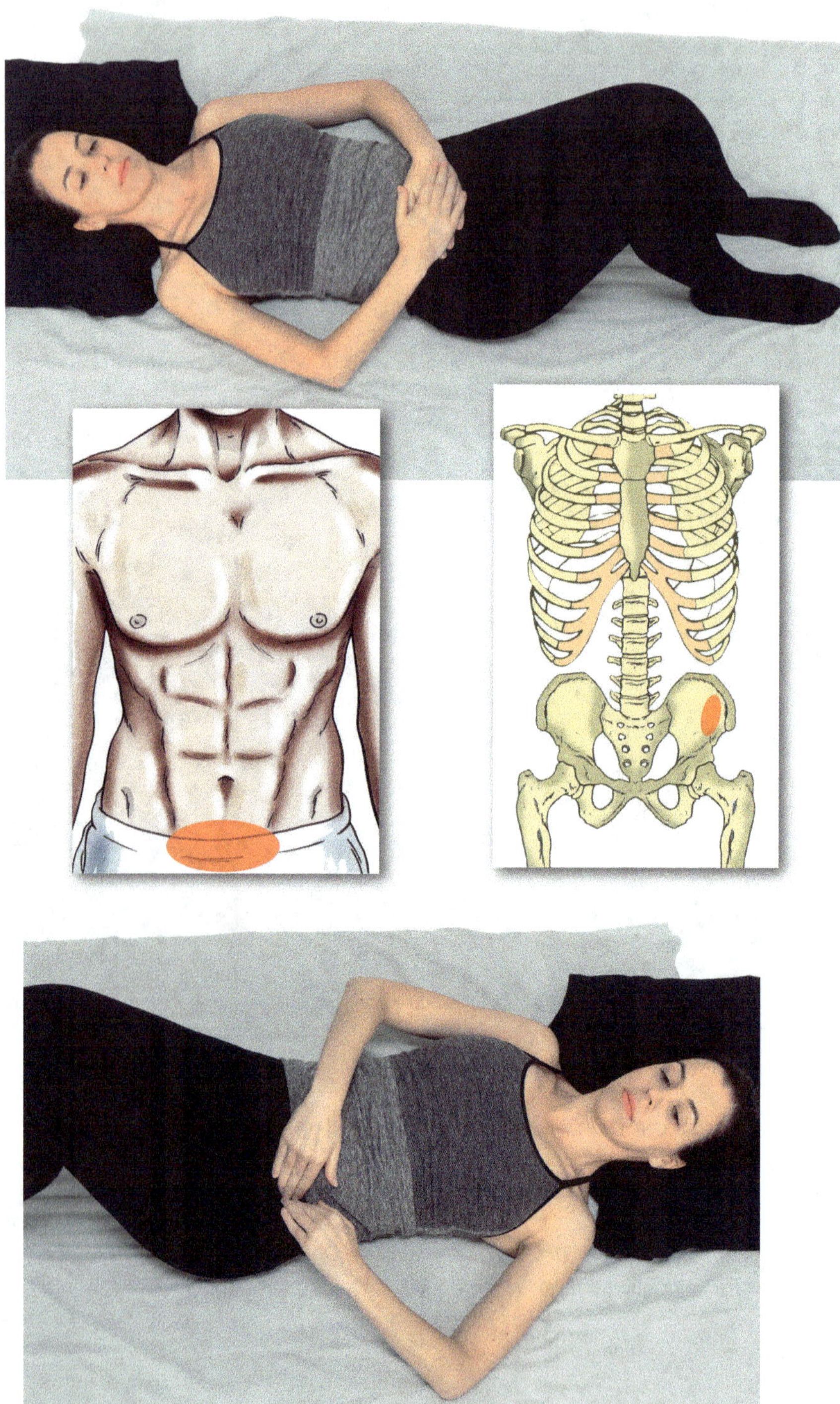

a) Volvamos a la posición inicial, es decir tumbados boca arriba con las rodillas dobladas, y lleven las dos rodillas juntas hacia la derecha, y viceversa, concentrando la fuerza en el abdomen. Repitan diez veces el movimiento y estiren las piernas.

b) Continúen tumbados boca arriba y realizaremos un ejercicio de estiramiento. Estiren el brazo derecho hacia arriba y al mismo tiempo la pierna izquierda hacia abajo. Una vez alcanzado el límite del estiramiento, manténganlo durante dos o tres segundos y luego relajen, de golpe. Después, hagan lo mismo con el brazo izquierdo y la pierna derecha. Repitan el ejercicio tres veces con cada pierna.

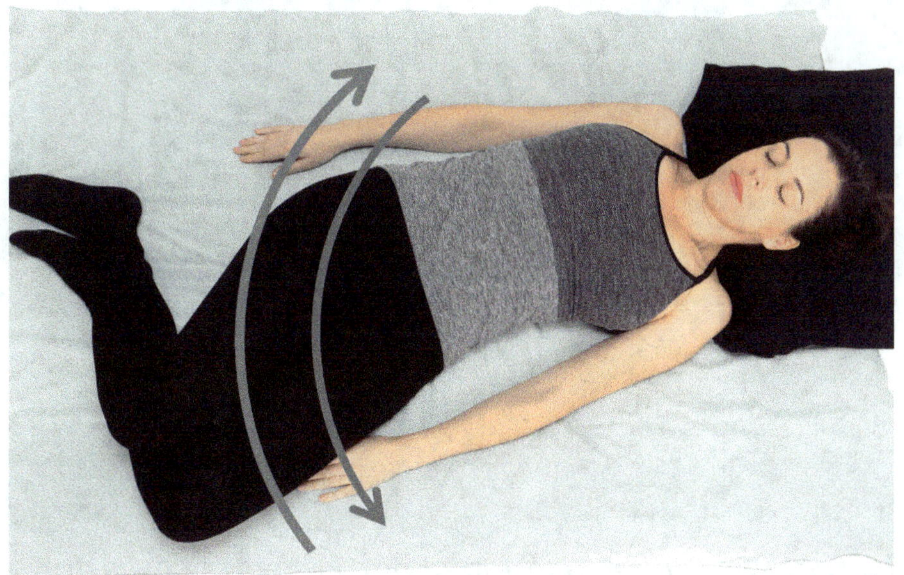

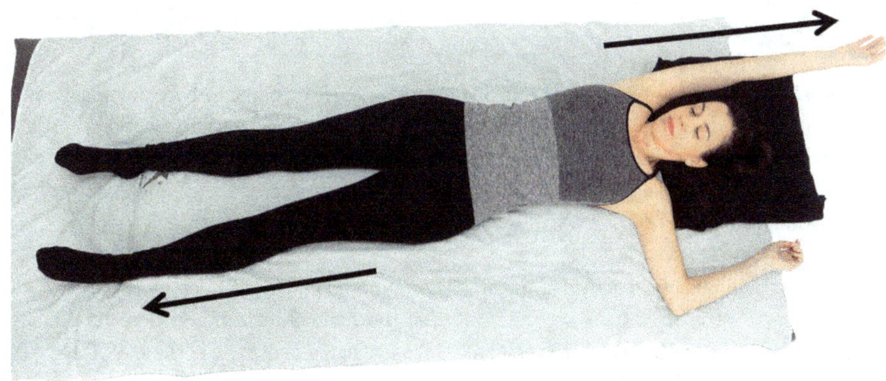

Tras finalizar todos los ejercicios, comprueben el estado de las lumbares realizando movimientos circulares con la cadera.

Se sorprenderán por su notable mejoría.

## La regla de oro del triángulo: para recoger cosas del suelo y otros quehaceres

三角理論

Para quehaceres cotidianos, como el acto de coger las cosas del suelo, cocinar, levantar las maletas, etc., utilizamos un lado del cuerpo más que el otro; en el caso de los diestros, que son la mayoría, el lado derecho.

Esta es una regla general de la actividad física.

Si desafiamos esta regla podrían aparecer, con el tiempo, diversos síntomas: dolores, sensación de peso, irritación nerviosa, disminución de la capacidad de concentración y desarreglos en los órganos internos, etc., pudiendo generar enfermedades crónicas.

Como hemos dicho, las personas diestras utilizan normalmente la mano derecha cuando recogen algo que está en el suelo, y viceversa.

Llevémoslo a la práctica. Para ello coloquen en el suelo una moneda e intenten cogerla sacando la pierna del mismo lado que la mano, o lo mismo pero juntando las dos piernas.

Supongo que habrán notado una sensación extraña. Pues ahora recójanla sacando la pierna del lado contrario al de la mano, resulta más cómodo y supone menos carga para las lumbares, ¿verdad? Basándonos en la forma en que se describe la posición del brazo y las dos piernas, llamamos a esto «regla del triángulo», el movimiento natural para recoger cualquier cosa.

En la cocina funciona el mismo esquema. Cuando intenten cortar, por ejemplo, el queso con un cuchillo, notarán que es más fácil transmitir la fuerza cuando tienen una pierna adelantada a la mano que realiza la acción, sobre todo si mantienen las rodillas dobladas.

Para cualquier actividad, si tienen en cuenta la «regla del triángulo», sacar la pierna contraria a la mano que vamos a utilizar, podrán realizar los quehaceres más cómodamente y sin esfuerzos innecesarios.

La respiración diafragmática se considera necesaria para la oxigenación de la sangre arterial, sin embargo parece mentira que algunos maestros de Yoga que practican dicha respiración durante toda su vida, al entrar en un sueño profundo o reposo vuelven a la respiración pectoral.

Una respiración rápida causa una mala oxigenación en el cerebro y cuerpo y por lo tanto hiperventilación.

La respiración diafragmática causa reducción de oxigeno en los órganos vitales en el cuerpo humano. Incluso, podemos confirmar que las personas con ciertas enfermedades poseen peor respiración superficial en estado de reposo.

Aparte de lo que he comentado anteriormente sobre la oxigenación otro de los factores alarmantes de la mala respiración es que causa estancamiento linfático.

El corazón posee una bomba para mover la sangre por todo el cuerpo, en cambio el sistema linfático se mueve a través del propio movimiento corporal. Hay nódulos linfáticos por las axilas, la ingle y el cuello; este dato seguro que lo sabías, pero seguro que desconoces que el resto de nódulos (un 60%) se encuentran en órganos vitales que están debajo del diafragma como páncreas, estómago, riñones, hígado...

Estamos creados para usar el diafragma para ayudar a eliminar los desechos de nuestro organismo a través de esos nódulos que muy poca gente utiliza.

Imagina la cantidad de ventajas que tendría nuestro cuerpo al cambiar el modo de respirar.

El ejercicio se puede realizar de pie o sentado. De manera natural, cuando respiramos se hincha la tripa, y viceversa. Bien, pues realicen lo contrario, es decir, saquen la tripa al inspirar y contraiganla al espirar.

Repitan el movimiento unas veinte o treinta veces manteniendo conscientemente una respiración sosegada.

Conseguirán con este ejercicio la mejora del funcionamiento de los órganos internos que nosotros los terapeutas llamamos «masaje interno».

El ejercicio es muy efectivo para organizar la posición de los órganos internos y también ayuda a quemar la grasa acumulada en la zona del abdomen.

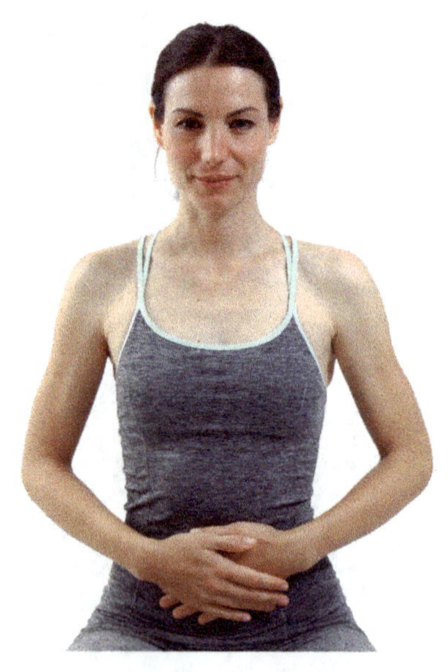

Si sienten un fuerte dolor al presionar la zona que se sitúa a unos cinco centímetros por debajo de la axila, puede que tengan la tendencia a sufrir arteriosclerosis. Esta es una enfermedad en la que las arterias se endure-cen dificultando la correcta circulación de la sangre. Para prevenir este síntoma, realicen el siguiente ejercicio:

### *1.*

Recuerden la segunda fase del ejercicio anterior (sentado de rodillas) y repitan la postura.

Repitan la serie de tres a cuatro veces. nosotros utilizamos esta zona para detectar y tratar problemas como el envejecimiento de las arterias o un posible infarto de miocardio.

### *2.*

Dividan la línea que se extiende desde la axila hasta poco antes de llegar a la última costilla en cinco puntos y presionenlos en orden con los cuatro dedos.

Si realizan habitualmente este ejercicio, notarán la mejoría en los órganos circulatorios resolviendo los problemas de respiración. De esta manera se forma un cuerpo más resistente y preparado para hacer cualquier deporte.

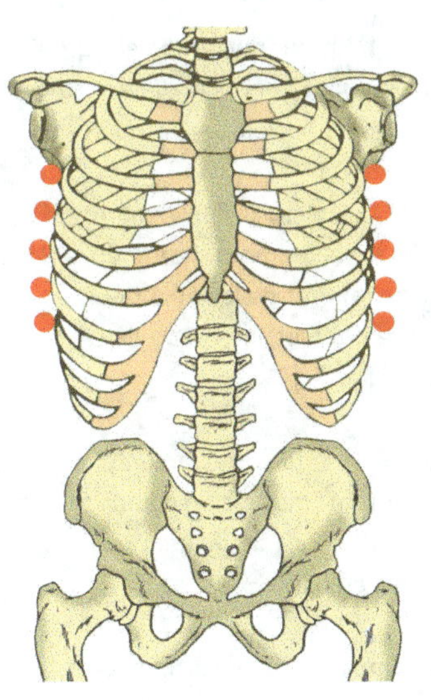

# 16. *Mejorar la condición física*

Cuando la respiración no es correcta, el cuerpo se intoxica, aumenta el estrés y aumenta el ritmo cardíaco del corazón. Cada célula de nuestro cuerpo depende de la sangre y de que llegue ese oxígeno para mantener sus procesos principales. Si la respiración no es correcta, la oxigenación de la sangre tampoco lo es y ello producirá carencias que a largo plazo notaremos en forma de desequilibrios y patologías corporales.

En ocasiones no pensamos en la importancia que representa la respiración para la supervivencia de nuestro cuerpo. Podemos hidratarlo, alimentarlo y darle todos los cuidados que necesita, pero; unos minutos sin aire y la vida habrá terminado.

Debemos escuchar a nuestro cuerpo y dedicarle unos momentos de relajación y atención. -¿no se lo merece también?

La primera vez que "escuché" a mi cuerpo me di cuenta que debía dedicarme  un poco más de tiempo para mí mismo. La relajación que pude obtener y esa sensación de paz y vacío... hacía mucho tiempo que no lo conseguía, tenía simplemente la mente en blanco. La sensación de bienestar era increíble y me di cuenta que estaba escuchando a mi cuerpo y me dejaba llevar simplemente. Respirar correctamente no solo hidrata nuestras células, nos ayuda a relajarnos, aliviar el estrés y mejorar en definitiva nuestra condición física.

¿Cómo se realiza la respiración abdominal o torácica?

Debemos buscar un lugar tranquilo y un momento en el que no seamos interrumpidos, hay veces que es  complicado pero sin duda habrá 15 minutos del día que puedas conseguir un momento de paz.

Al principio puede empezar sobre una cama, en posición horizontal es más fácil concentrarse en el movimiento y con las piernas flexionadas para luego pasar a realizar sentado y más tarde de pie.

Puedes quitarte todo lo que te moleste, la ropa debe estar holgada y no debe molestarte ningún collar ni complemento que uses normalmente, debes ser consciente de tu cuerpo y no distraer tu atención sobre nada más. La respiración la realizamos inspirando por la nariz y espirando por la boca.

Para empezar, colocamos una mano sobre el pecho y la otra sobre el abdomen mientras realizamos el ejercicio notaremos la mano que sube y si es la del pecho, el ejercicio no está siendo realizado de la manera adecuada.

Podemos empezar realizando el ejercicio de 3 a 5 minutos  varias veces al día. No se preocupe si se fatiga al principio, es normal.

Dividimos el ejercicio en 4 partes; El primer ejercicio lo realizamos intentando llevar el aire a la parte inferior de los pulmones, a continuación lo realizamos intentado llevar el aire a la parte media.

Una vez realizado correctamente este ejercicio realizamos una inspiración completa para soltar el aire por la boca de manera relajada ya en el paso 4 del ejercicio.

Si espiramos el doble del tiempo de la inspiración el resultado será correcto. A continuación podemos realizar el siguiente ejercicio que nos ayudará con el estrés:

**1.** ||||||||||||||||||||||||||||||||||||||||||||||||||||||||||

Siéntense en una silla o en posición de *Seiza* (forma tradicional japonesa para sentarse sobre los talones con la espalda recta, juntando las rodillas en el suelo).

**2.** ||||||||||||||||||||||||||||||||||||||||||||||||||||||||||

Junten bien las rodillas y coloquen la mano derecha debajo de la axila izquierda, y viceversa.

**3.** ||||||||||||||||||||||||||||||||||||||||||||||||||||||||||||||||||||||||||||||||||||||||||||||||||||||||||||||||||

Cierren los ojos y sientan cómo el calor que se produce desde la palma de las manos se difunde por todo el cuerpo.

Pueden hacerlo directamente sobre la piel o bien sobre la ropa interior, durante unos cinco minutos, con una respiración tranquila y relajada. Verán cómo disminuye la agitación y aumenta la capacidad de concentración. Este ejercicio proporciona bienestar, tanto a la mente como al cuerpo.

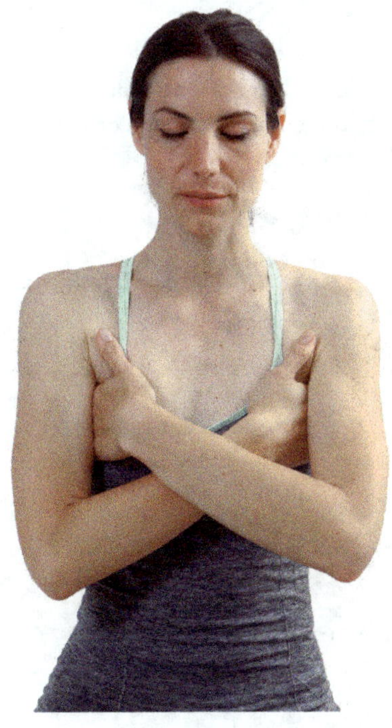

Hay muchas maneras de definir la hipertensión. Sin embargo, nadie negará que provoca problemas de salud, como por ejemplo el dolor de cabeza, infarto de miocardio, fuertes palpitaciones, obstrucción de las venas, etc.

Si la hipertensión le provoca serios problemas en su salud, necesitará la utilización de medicamentos lo antes posible. Sin embargo, si solo conoce su hipertensión por datos, sin notarse ningún síntoma de la enfermedad, procure buscar la causa de la hipertensión antes de tomar medicamentos. Nuestro cuerpo nos manda señales constantemente para informarnos del estado de nuestra salud y la hipertensión también nos quiere comunicar algo sobre la vida que estamos llevando: «Si algo está fun-

cionando mal y la tensión se ha elevado, será una defensa para combatirlo».

Científicamente está demostrado que los tratamientos de Shiatsu regulan la tensión a su estado natural. Para evitar la sobrecarga en los órganos circulatorios provocado por la hipertensión, les recomiendo Shiatsu.

En las personas hipertensas es muy común tener el cuello y los hombros tensos. Empecemos el tratamiento del cuello y de la nuca.

*1.* ||||||||||||||||||||||||||||||||||||||||||||||||||||||||||||||||||||||||||||||||||||||||||||||||||||||||||||||||||

En la zona occipital: ambos lados, utilizando los pulgares de ambas manos, comenzando en la nuca, presionamos por fuera del bulbo raquídeo llegando hasta la tuberosidad mas-

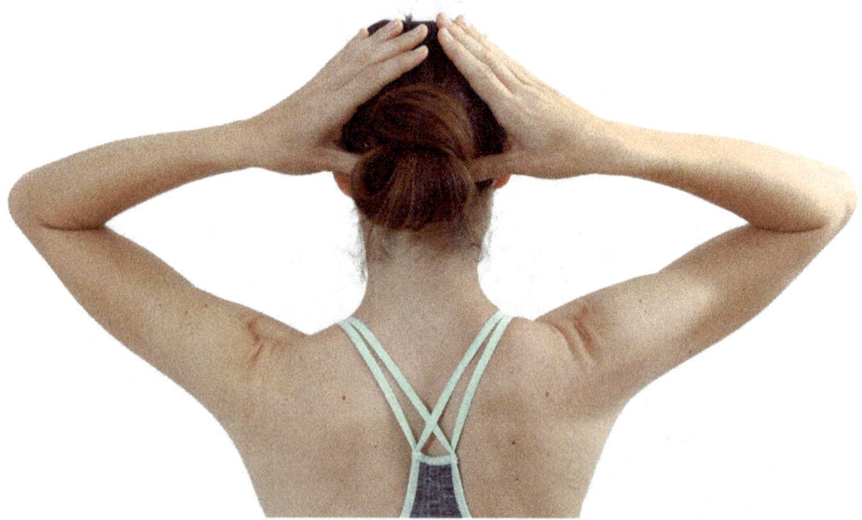

toidea y detrás del pabellón auricular. Son un total de cinco puntos a cada lado. Mientras presionamos se inclina la cabeza hacia atrás. Recorremos esta línea tres veces.



Ahora presionemos cinco puntos en la zona que abarca desde la nuca hasta los hombros. Coloquen las manos cubriendo los lados del cuello y presionen con los cuatro dedos de las dos manos, desde la nuca hacia los hombros.

Les recomiendo echar ligeramente la cabeza hacia atrás para que la presión tenga más eficacia.

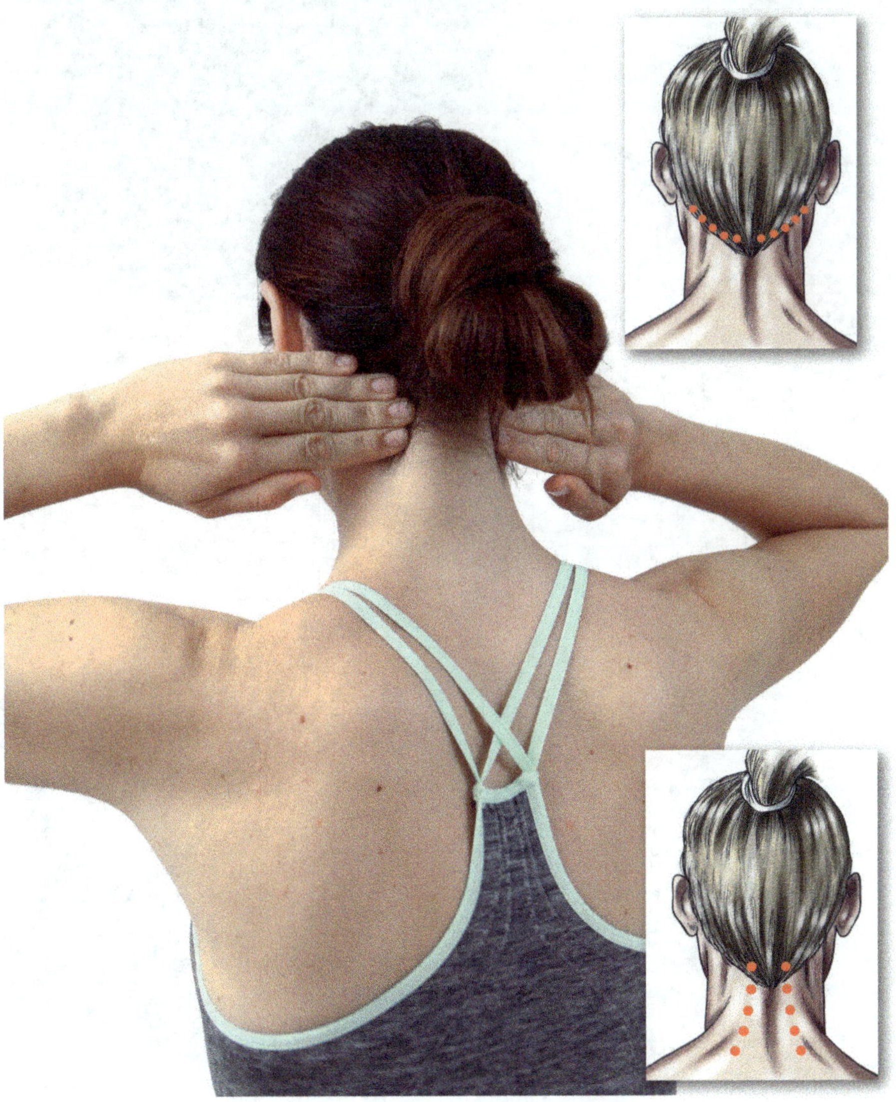

En los hombros se encuentra una masa de músculo llamado trapecio, presionen el borde de este músculo cuatro veces.

Empleen los cuatro dedos de la mano contraria al hombro sobre el que van a realizar la presión. A la hora de presionar echen la cabeza hacia el otro hombro. La presión sobre los cuatro puntos se cuentan como una serie. Repitan tres series.

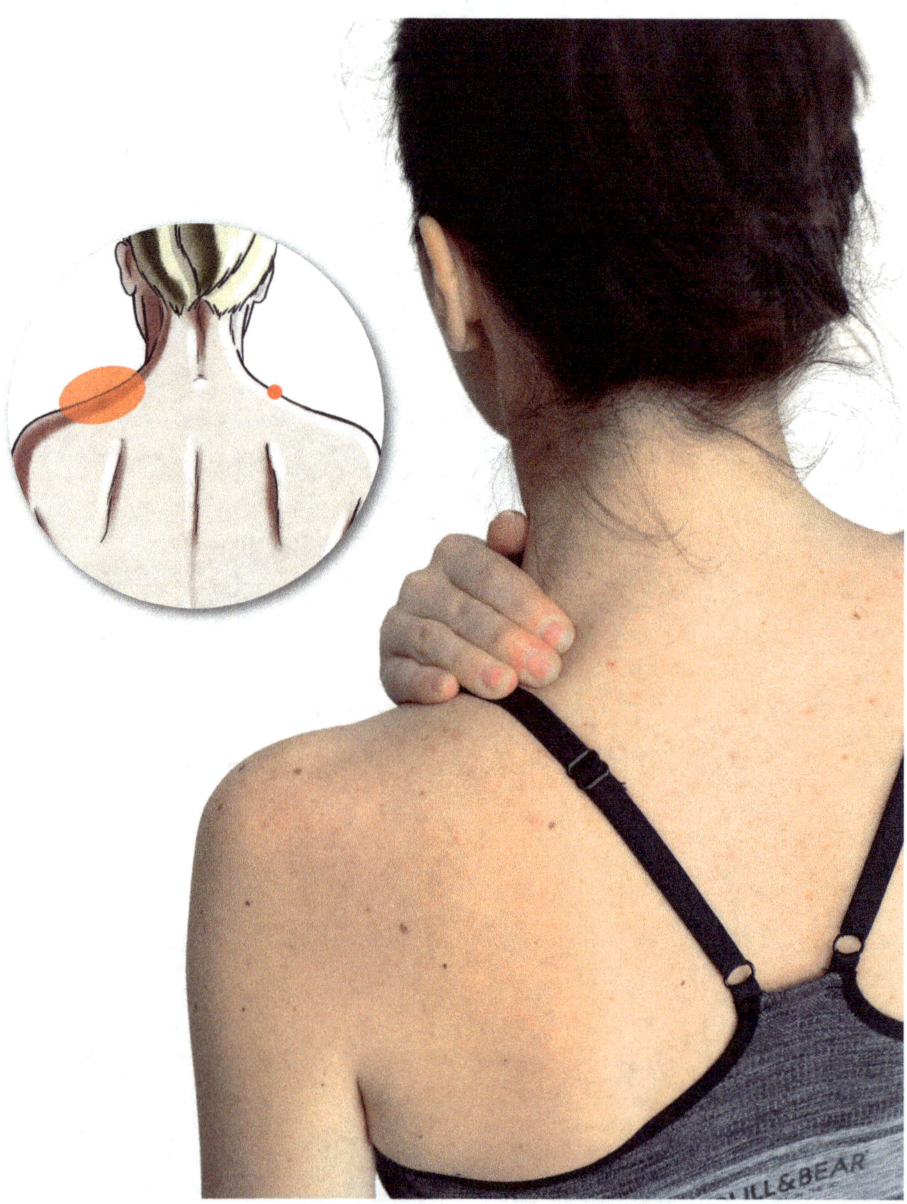

Después de estos tratamientos, supongo que la tensión del cuello y los hombros se ha relajado bastante. Pues ahora, de pie y con la espalda recta, estiren los dos brazos hacia abajo.

Para realizar la postura, imagínense a un militar gritándoles: «¡Fiiirmes!». Desde esta posición, donde toca el dedo corazón (en el lateral del muslo), localizamos el punto de presión para la hipertensión. Pónganse cómodos, por ejemplo sentándose en una silla y presionen este punto con todos los dedos de las dos manos. Lo importante para el Shiatsu de esta zona es la relajación y la respiración lenta en el momento del tratamiento, incluso más que la forma de presionar.

Si usted es una persona que sufre de hipertensión, procure tomar menos sal y más agua.

En las personas hipertensas, la actitud nerviosa es muy común.

Es necesario practicar una respiración tranquila y movimientos lentos.

También sería aconsejable plantearse una alimentación basada principalmente en verduras.

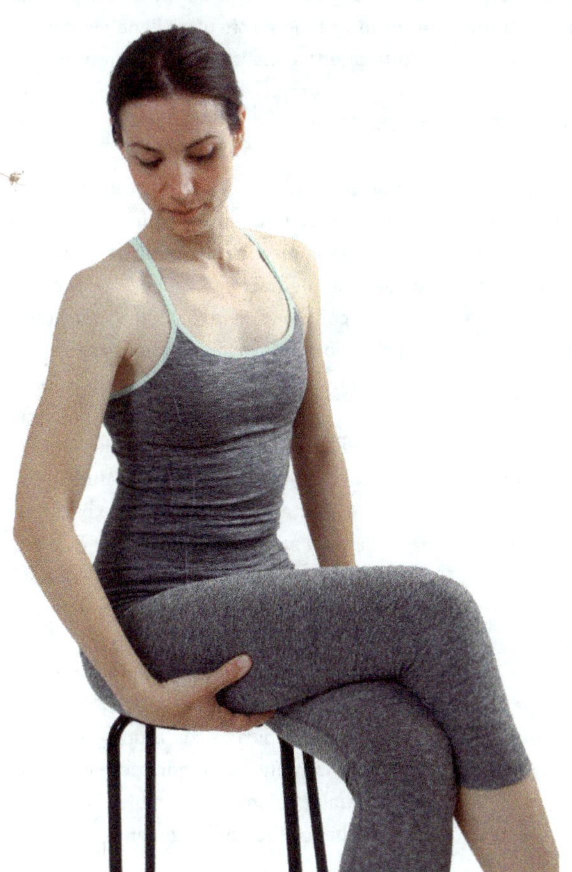

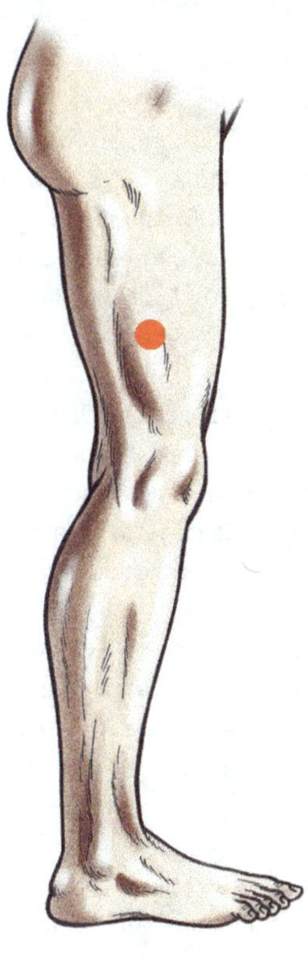

El sushi está considerado como uno de los alimentos más sanos del mundo y una fuente de nutrientes de inmensa importancia (yodo, proteínas, bajo en grasas, además de aportar numerosos beneficios para la salud). El pescado azul aporta ácidos grasos poliinsaturados y monoinsaturados, que se encargan de regular el nivel de colesterol y es rico en omega 3.

Los españoles están acostumbrados a comer muchas clases de pescado, con diferentes salsas y condimentos, pero lo que no es tan habitual es consumirlo crudo. Es muy beneficioso comer el pescado de esta forma, ya que al no sufrir ningún proceso (frito, cocido) no pierde ninguna de sus proteínas.

Últimamente podemos encontrar multitud de restaurantes japoneses, y parece ser que el sushi y el sashimi, están muy de moda desde hace tiempo en américa, van siendo más conocidos en España. Se ha creado el tópico de que la dieta japonesa solo se basa en pescado crudo, pero el sushi es algo más complicado y elaborado. Se compone de arroz macerado con vinagre («su») y otros ingredientes que decoran a la vez que dan un sabor muy especial a este plato. Pueden estar formados por verduras, huevos, pescado cocido o crudo y tofu (cuajada de semilla de soja, que materialmente es parecido al queso de Burgos).

La esperanza de vida de una persona también depende de la forma en que se alimente, por eso algunos expertos sostienen que el secreto de la longevidad de los japoneses tiene mucho que ver con nuestra forma de alimentarnos.

El sashimi tiene como principal ingrediente el jurel, rodaballo, calamar, sepia, lubina, dorada o el atún crudo, el cual se combina con una salsa obtenida mediante la mezcla de wasabi (condimento extraído de la raíz de un rábano verde), mezclada en un platito con una salsa más líquida («shoyu»). Las dos salsas son fusionadas, pero no en igual proporción, ya que de wasabi solo echamos una pequeña parte. Después se saborea el pescado crudo mojándolo en la mezcla de estas dos salsas. El sashimi puede comerse como aperitivo o entrante, y es muy popular en Japón.

La variedad de sushi más conocida es el niguiri sushi, compuesto de arroz con pescado prensado a mano. Este plato llena mucho, por lo que puede constituir en sí mismo una comida o tentempié debido a su capacidad de saciedad.

Es muy conocido en Japón por tomarse en el almuerzo y cuando se está fuera de casa, y se necesita comer rápidamente pero sin descuidar la alimentación, ya que este suculento plato contiene menos calorías por gramo que el pollo o la ternera, aunque, como todos los alimentos, si se consume en exceso, es perjudicial para la salud. La soja en grandes cantidades provocaría retención de líquidos, aumento de la tensión arterial, disfunción de riñones o próstata, y el arroz, por su parte, estreñimiento y aumento de peso. Por este motivo, no se debe «sumergir» el sushi en la salsa de soja, sino «humedecerlo» ligeramente.

Los ingredientes del sushi son muy variados. El sushi tiene muchas variedades de sabor, aunque la más típica es con atún, y se consume frecuentemente en Japón, pero en países como España o América también se cocina con rodaballo, lubina, langostinos, camarón dulce, chicharro, pulpo, etc. Lo más habitual es comerlo con palillos, aunque se recomienda utilizar la mano para degustar por entero su agradable sabor. El sashimi también se degusta con palillos y se le puede añadir wasabi.

El sushi, además de ser tradicional y sano, se ha convertido en una auténtica exquisitez culinaria.

# 18. Dolor de estómago

S on muchas las personas que sufren sensación de pesadez por un excesivo consumo de alimentos, o un dolor agudo, como si el estómago estuviese apretado a causa de cargas psicológicas, o aquellos que sufren la carencia de rendimiento del estómago de forma crónica. Son síntomas muy comunes en personas nerviosas.

Hay un punto de presión ideal para solucionar estos problemas. Les aconsejo el Shiatsu diario de este punto con el fin de realizar una mejora en el estómago.

*1.*

En el cuello hay un conjunto de fibras musculares que abarcan desde la zona inferior del lóbulo de la oreja hasta la clavícula. El punto a presionar se encuentra a la altura de la nuez, en la garganta.

Este punto tiene la función de bajar la tension provisionalmente y también es por donde pasa el nervio vago (uno de los nervios autónomos, que controla los órganos internos). Es muy eficaz para tratar la sensación de pesadez y dolor de estómago.

Presionen empleando el dedo pulgar de la mano izquierda. Dividan la zona en cinco puntos entre la parte inferior del lóbulo de la oreja hasta abajo en la unión del esternón con la clavícula.

Realizaremos la presión en todos los puntos, obviamente, dando más importancia al tercero, el de en medio de estos cinco esta relacio-

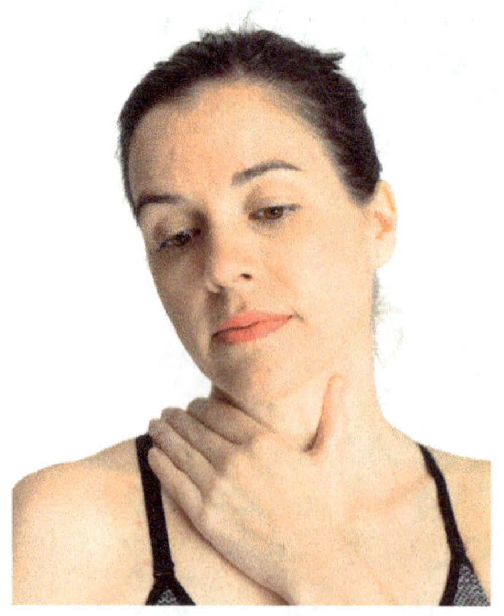

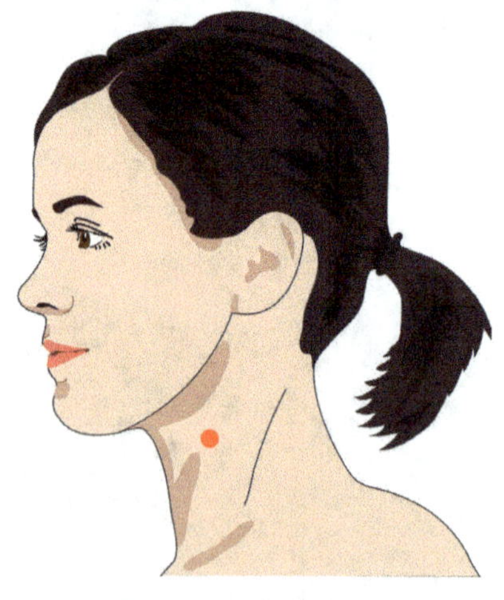

nado con el estómago. Hagan una presión en cada espiración. Contando como una serie la presión en los cinco puntos, realicen tres series. Al realizar la presión notará cómo van disminuyendo los problemas del estómago. Es probable que empiece a sonar la tripa como señal de su funcionamiento. Al presionar este punto hay que tener mucho cuidado y realizar la terapia con precaución, puesto que, como ya hemos explicado, el punto también tiene la función de bajar la tensión.

Una presión fuerte en esta zona puede producir mareos o vahídos para aquellas personas que habitualmente tienen la tensión baja. En caso de sensación de mareo o vómito, detengan inmediatamente el tratamiento.

Incluso nosotros los terapeutas presionamos con mucha precaución cuando se trata de este punto.

## 2.

El otro punto importante para el tratamiento de estómago se encuentra en el vientre. El punto se localiza en la zona intermedia entre el ombligo y el epigastrio. Como pueden ver, se sitúa sobre el estómago.

Unan los dedos de las dos manos y colóquenlos sobre la zona. La presión se realiza con los cuatro dedos (todos excepto el pulgar) de cada mano, al expulsar el aire y centrando la fuerza especialmente en el segundo y tercer dedo. Unas cinco presiones se cuentan como una serie. Repitan tres series. Al continuar con la presión, notarán cómo esa zona, que al principio estaba tensa, se va relajando. Lo más importante para este Shiatsu es no olvidar expulsar el aire durante la presión.

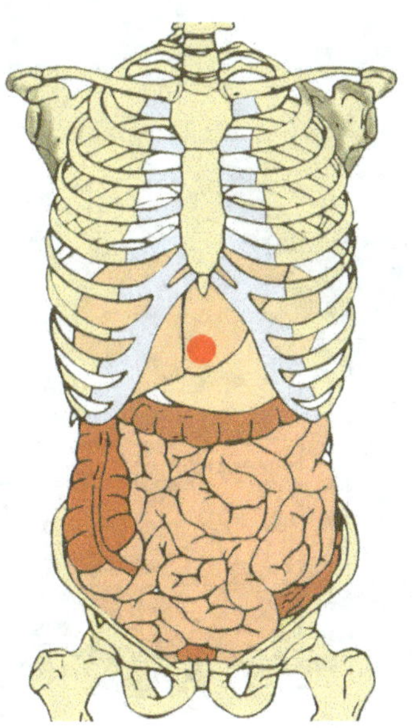

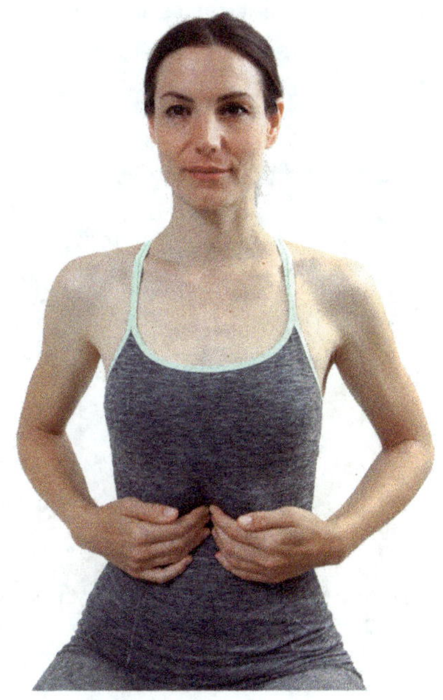

Cuando tomamos una copa, nosotros los japoneses nos ponemos rojos con más rapidez que los españoles.

Esto no se debe a que los españoles tengan más costumbre de beber vino, sino a que a los japoneses, junto con los mongoles e indios norteamericanos, les falta una cantidad importante de enzimas presentes en el hígado que tienen la función de descomponer el alcohol.

Yo mismo, con solo tomar una copa me salen rápidamente los colores. Bueno, también es cierto que soy alérgico al alcohol.

De modo que diciembre, que es un mes lleno de fiestas, se convierte en un sufrimiento para mí.

En España nadie te obliga a beber, y eso para mí es una costumbre agradable que no me impide pasar una noche de diversión. Sin embargo, en Japón es frecuente tomar una copa con compañeros de trabajo como muestra de compañerismo y de confianza. De hecho, es una parte de la obligación laboral, una formalidad que, para los que no beben, es casi una tortura.

Al día siguiente, con la resaca, podemos notar una hinchazón por debajo del costillar derecho al tocar con la mano. En estas ocasiones, el hígado ha tenido una sobrecarga y su rendimiento es menor. Un tratamiento de Shiatsu es bastante efectivo.

El hígado también es conocido por el nombre de («órgano silencioso»), debido a que muestra pocas señales de su deterioro y no nos damos cuenta hasta que la enfermedad está ya muy avanzada.

### 1. Presión sobre la zona inferior del costado derecho

Presionen cuatro puntos en la zona que abarca del epigastrio a la última costilla derecha.

Empleen los cuatro dedos de las dos manos y suelten el aire despacio al mismo tiempo que presionan. La fuerza de la presión se acentuará gradualmente conforme se vayan acostumbrando y noten poca resistencia al presionar.

Intenten el Shiatsu desde abajo hacia arriba, como si la fuerza llegase a las costillas. La presión de los cuatro puntos se cuenta como una serie. Realicen tres series.

### 2. Ejercicio de estiramiento

Con el fin de estimular el hígado, estiraremos el cuerpo hacia la izquierda. Levanten los dos brazos y crucen las manos. Ahora echen el cuerpo hacia la izquierda y, cuando hayan llegado al límite, mantengan la postura durante dos o tres segundos.

Luego, sin cambiar de postura, intenten estirar un poco más. Cuando hayan echado todo el aire, bajen los brazos despacio. Tres estiramientos es una serie. Repitan tres veces.

### 3. Shiatsu en la zona dorsal del pie

Coloquen el dedo pulgar de la mano sobre el dorso del pie, en el hueco que forma el dedo pulgar y el segundo metacarpiano. Presionen con el pulgar de la mano hasta donde los dos huesos se unen formando una «V»; este es el punto de presión para el tratamiento del hígado.

Será más facil la localización si levantan los dedos de los pies. Realicen la presión con el pulgar colocando los otros bajo la planta del pie, con el fin de que la fuerza penetre más.

Presionen relativamente fuerte hasta que note un dolor agudo y mantengan la presión durante un minuto. Un truco para mantener la presión constante después de haber presionado el dedo es colocar un granito de arroz sobre el punto y fijarlo con esparadrapo.

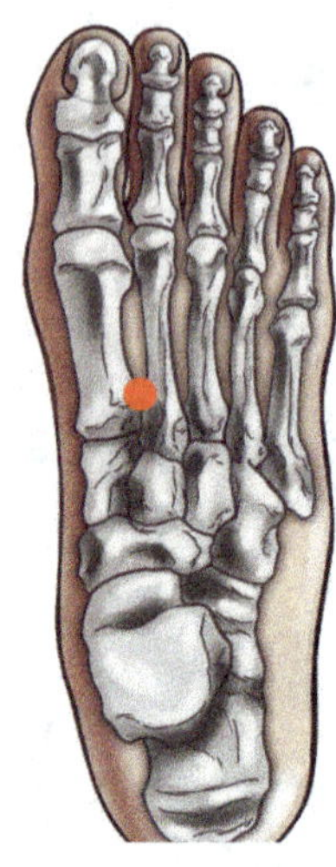

# El año de calamidad



En la creencia japonesa, hay un período de años llamados los «años de la calamidad». Abarca tres etapas:

1ª El año anterior a la calamidad (los 41 para el hombre y los 32 para la mujer).

2ª El año real de la calamidad (los 42 para el hombre y los 33 para la mujer).

3ª El año del después (los 43 años en ellos y los 34 en las mujeres).

Se dice que en estos años surgen las desgracias y, por ello, que se necesita estar más atento. Cuando ocurren estas desgracias y se anuncian en las «revistas del corazón» si las víctimas tienen esta edad, pensamos, sin saber bien por qué: «Hay que tener cuidado en los años de las calamidades».

Hasta las personas que no aceptan esta creencia tienen la costumbre de acudir a los templos budistas para que les hagan el ritual de purificación. En este momento yo estoy dentro de los que advierten estas calamidades. Tampoco soy una persona que crea ciegamente en estas supersticiones y, teniendo en cuenta mi estado de salud, podría hacer caso omiso.

No es por nada, pero se dice que en estos años ni los negocios, ni la salud, ni el tema del dinero funcionan bien; yo me veo en la obligación de permanecer tranquilo.

Las edades antes mencionadas ya no pertenecen a la juventud, pero tampoco son de plena madurez. Tal vez sea la época más «redonda» de la vida, donde ya se tiene un estatus social y se empieza a paladear la esencia de la vida. En esta época el cuerpo comienza a tener porte y el rostro se hace más afable.

Al mismo tiempo, con la edad aumentan las responsabilidades, hay más carga mental y más estrés.

En la juventud, el cansancio desaparecía al descansar por la noche. Ahora, hay días que el cuerpo no se ha recuperado del cansancio durante el sueño, provocando una tremenda pereza al levantarse de la cama. Puede ser que haya perdido esa frescura y ganas de saltar de la cama que se sentía al llegar la mañana. El cuerpo ya no genera más vitalidad de la que tiene y pierde la capacidad de recuperarse durante el sueño nocturno.

Si suponemos que nuestro cuerpo se va transformando por ciclos, «los años de calamidades» pueden ser uno de ellos. Esta época es el punto de viraje de la vida. Ya se ha recorrido la mitad del trayecto y, al igual que un vehículo, se necesita una revisión. También se precisa una pausa intermedia para refrescar el cuerpo y la mente. Tras la reflexión y el descanso, no se debe recomenzar y salir disparado, sino recuperar la actividad de forma progresiva.

Tal vez nuestros ancestros sabían por experiencia que esta época corresponde a una transformación física donde cuesta mucho realizar las actividades y por ello nos recomendaban, con amabilidad, pasar un tiempo cuidándonos y replantearnos una mayor calidad de vida.

Por este motivo también es cierto que muchas de las personas que han superado estos años afirman que vuelven a estar en forma física (según su edad, por supuesto) y trabajan con un buen rendimiento.

# 20. Para las zonas donde se refleja la edad

老化

¿En qué partes se ve reflejada la edad? Principalmente son cuatro:

1. La piel de la barbilla se afloja.

2. La piel de los antebrazos se descuelga.

3. En los glúteos se pierde volumen.

4. La parte superior del cuerpo está más rellena y la inferior con menos musculatura.

Si lo aprecian ya en su propio cuerpo, tal vez conozcan esa sensación de desconsuelo que nos produce ver reflejado en nuestro cuerpo el paso del tiempo.

Pero opino que a cada edad le corresponde un estado físico. No tiene sentido querer mantener el físico de los veinteañeros teniendo cincuenta. A una persona de cincuenta años le corresponde otro aspecto.

Una apariencia con porte y talla majestuosa,

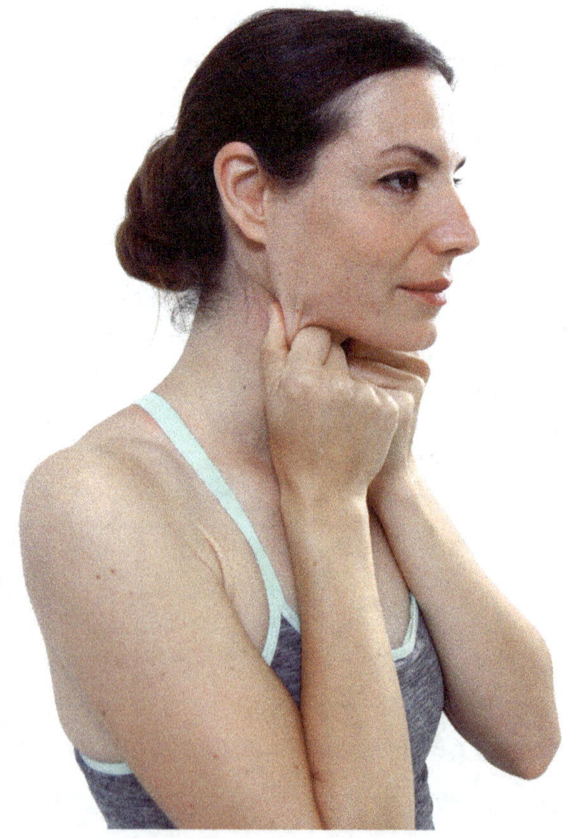

el rostro suave, la actitud calmada, es decir, la seducción de un adulto. No solo las virtudes, también la forma de vida tiene sus matices y no siempre podemos mantener el mismo ritmo de vida; sería angustioso llevar a cabo un plan de dieta, ejercicios de gimnasia, la estricta organización de los quehaceres, etc.

Así que les propongo ahora unos ejercicios relajados que suponen un mínimo esfuerzo.

### 1. La barbilla

Cuando nos fijamos en las fotografías de cuando éramos jóvenes, parece que teníamos la cara más pequeña. Al ablandarse la piel, la cara muestra más volumen. El aflojamiento de la barbilla se asocia siempre con la imagen de la vejez. Me hace recordar a una persona rellenita que siempre masticaba chicle para tener la barbilla encogida. Agárrense la piel, empezando por debajo de las orejas, con los dedos pulgar e índice y presionen cinco puntos hasta llegar al centro de la barbilla.

Repitan el proceso de tres a cinco veces. Luego pellizquen y tiren hacia abajo de la piel de la barbilla. Realicen este ejercicio cuando tengan tiempo para estimular la zona.

Ahora echen la cabeza hacia atrás empujando con las manos. Es un ejercicio de estiramiento. Aquellas personas que tengan problemas de cuello o quienes padezcan síntomas de mareo de forma crónica, eviten los movimientos bruscos y realicen el estiramiento dentro del margen de su flexibilidad. El ejercicio también es eficaz para los dolores de garganta.

Sitúen las manos juntas por debajo de la barbilla y presionen hacia arriba estirando la parte anterior del cuello.

### 2. Los antebrazos

Hay personas con unos antebrazos que parecen la cresta de un pavo. Se pueden pasar horas maquillándose, pero los antebrazos que cuelgan, con un simple movimiento, muestran la imagen de vejez.

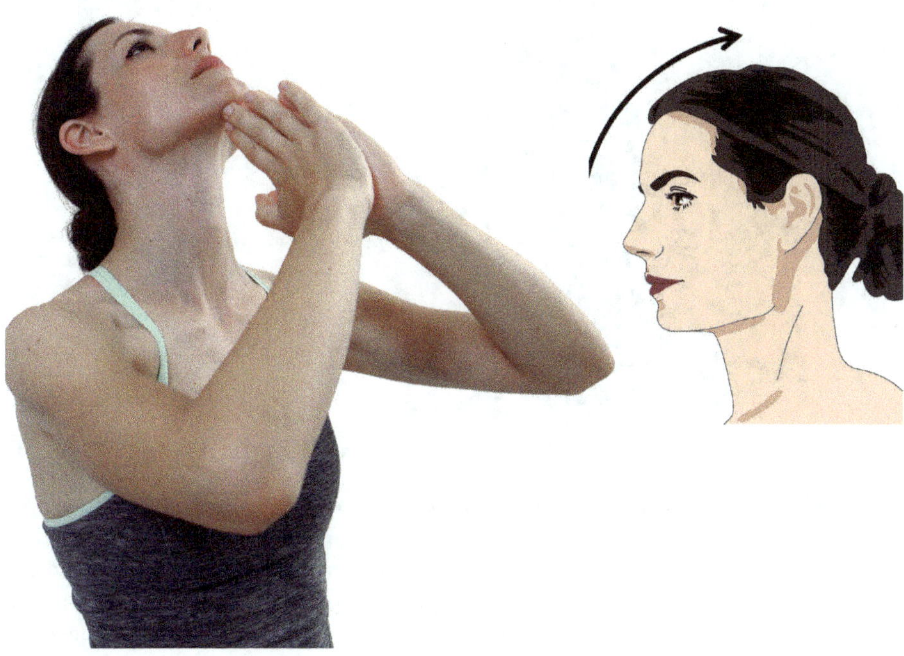

Lleven el brazo derecho hacia el hombro contrario, colocando la mano sobre él, y con la mano que está libre, en este caso la izquierda, presionen el antebrazo derecho en cinco o siete puntos. La presión se realiza, con la palma de la mano bien pegada al antebrazo, en forma de pinza; los cuatro dedos por un lado y el pulgar por el otro, relativamente fuerte y tirando hacia los codos. Repitan el ejercicio alternando ambos brazos.

Practiquen cuando tengan tiempo: viendo la televisión, charlando, etc.

Después de este ejercicio estiraremos el brazo, imaginándose cómo se va quemando poco a poco la grasa de la zona. Realicen el estiramiento despacio.

Abarcar con la mano el codo del brazo contrario ejerciendo el estiramiento del lateral del

tronco a la vez que se va soltando el aire.

Repetir el mismo procedimiento que en el ejercicio anterior.

Estiramiento del músculo tríceps braquial: doblen el brazo derecho, con el antebrazo pegado al costado y la palma de la mano mirando hacia arriba. Ahora coloquen la palma de la mano izquierda sobre la mano derecha.

Desde esta posición, hagan fuerza con las dos manos: la derecha empujando hacia arriba y la izquierda hacia abajo.

Realicen el ejercicio echando aire tranquilamente, equilibrando la fuerza de los dos brazos. Así, podemos estirar bien la parte del músculo tríceps braquial.

### 3. Redondear glúteos

Las personas de mi edad me recuerdan, a primera vista, la edad que tengo. Se ve, sobre todo, en la zona del trasero. La parte delantera del cuerpo, por ejemplo la cara, se puede disimular con maquillajes u otras alternativas. Sin embargo, la parte de atrás nos muestra fielmente la edad, ya que la descuidamos. El motivo es que no podemos verla sin un espejo.

El trasero que era redondo en la juventud, se relaja y cae hacia abajo. Sus músculos no oponen resistencia a la gravedad. Al distenderse la musculatura, el trasero muestra una forma más aplanada, al igual que el pecho.

En la piel joven se forman las gotas de agua al salir de la ducha debido a la grasa que aflora del cuerpo, mientras que en la piel vieja el agua cae y resbala sobre ella. Esta misma sensación la tenemos en las nalgas.

Se ve que una persona ha alcanzado una cierta edad cuando camina sin apenas levantar las piernas, como lo hacen los robots con sus pasos pequeñitos. Otra característica de la vejez

Empezaremos con el siguiente ejercicio:

a) Imitaremos la forma de caminar de los soldados. Levantando la pierna flexionada hasta formar un ángulo recto con el tronco y alzando el brazo contrario a la pierna elevada. Nosotros haremos lo mismo, pero permaneciendo en el mismo sitio.

es contener el aire al realizar un esfuerzo con intención de concentrar la fuerza.

Para levantar las piernas en alto utilizamos los músculos de la zona lumbar y de la zona alrededor del trocánter mayor del fémur. Al levantar las piernas, podemos estirar los tendones y los ligamentos. Realizaremos el ejercicio durante unos tres minutos.

b) Después de imitar a los soldados, vamos con las bailarinas. Apoyen una mano sobre la pared, a la altura del hombro. Levanten el otro brazo en forma vertical y estiren hacia atrás la pierna del mismo lado.

Permanezcan en esa posición durante dos o tres segundos y luego relajen despacio expulsando el aire. Concentren el movimiento en el glúteo mayor. Quince repeticiones se cuentan como una serie.

Repítanlo dos veces. A continuación, empiecen con el otro lado.

### 4. La pérdida de tono muscular

La pérdida de tono muscular en la parte inferior del cuerpo, al llegar la madurez, se debe, en parte, a que los adultos tienen que cenar fuera y utilizar el avión más a menudo por exigencias laborales. A pesar de aumentar la cantidad de trabajo y el peso de las responsabilidades, en estas edades destaca la falta de ejercicio físico.

Por ello, la parte superior del cuerpo empieza a ganar volumen mientras que la parte inferior lo pierde al debilitarse la musculatura de las piernas.

Con este debilitamiento no solo se pierde fuerza, sino también resistencia. Para conservar un buen tono muscular no hay más remedio que trabajar más con las piernas. El movi-miento de las extremidades inferiores mejora la circulación de retorno y activa la actividad cardíaca.





Para tonificar la musculatura, les recomiendo el siguiente ejercicio:

De pie, separen las piernas, calculando la distancia entre los dos pies para que sea el doble que el ancho de los hombros. Flexionen ligeramente las rodillas y coloquen las dos manos sobre ellas. Utilicen la fuerza que se produce al dejar caer el peso del cuerpo sobre la pierna derecha para levantar la izquierda del suelo, y luego inclínense hacia la izquierda y levanten la pierna derecha.

Después vuelvan a la posición inicial colocando el eje de la fuerza en el centro del cuerpo. Deben tener la espalda bien recta. Cada movimiento durará unos tres segundos, vayan alternándolo y realicen el ejercicio durante unos cinco minutos.

Este ejercicio se llama *shiko-ofumu* y es uno de los movimientos clásicos de los luchadores de sumo. Cada vez que pisan el suelo con el pie, ellos dicen: «doskoi». Ya que estamos imitando sus ejercicios, nos ambientaríamos más, si dijésemos esta palabra, ¿no les parece?

En España hay una sana costumbre: la siesta.

El horario de los japoneses suele ser: desayuno, a las siete de la mañana; comida, a las doce; se cena a las seis, y nos acostamos sobre las diez u once de la noche. La cena temprana puede ser una de las razones que explican el fuerte desayuno que toman los japoneses.

Es costumbre española cenar en horario tardío y el intervalo cena-cama es muy corto; esto dificulta la digestión y el funcionamiento inmediato del estómago al levantarse, tal vez por eso desayunan ligero, un café con leche y churros, o hacen el desayuno sobre las once tras esperar el funcionamiento habitual del estómago.

Quizás en España haya una importante población hipotensa; este tipo de horario tardío y el aguante sumado a la siesta es ideal para equilibrar el cuerpo. Puede ser que esto tenga algo que ver con el aguante de los españoles a las «juergas» nocturnas. Aunque hoy día la costumbre de la siesta es todo un lujo para los que pueden ir a casa durante la jornada, son muy pocos los afortunados que aún se lo pueden permitir.

Tras la desaparición de la siesta, me preocupa cómo podrán reponerse del cansancio acumulado al salir por la noche. La única solución que se me ocurre es adaptarse a otras culturas: desayunar, comer, cenar y acostarse antes. De lo contrario, no habrá forma de descargar el cansancio que nos provocará muchísimos problemas de salud.

España es el país que tiene la mayor esperanza de vida en Europa y deseo que siga siéndolo, ya sea por la conservación de la siesta o por la adaptación de nuevas formas de vida.

# 21. *Shiatsu para mejorar la conducción y evitar los accidentes* 交通事故

Según he observado, los españoles tienden a «adelantar». Pongamos el ejemplo de la conducción de un vehículo: imagínense que está usted dentro de su coche esperando a que cambie el semáforo; si deja una prudente distancia del paso de peatones como precaución, siempre aparece uno que aprovecha ese espacio para colarse. Si calculamos el tiempo que tarda en cambiar un semáforo, se puede evitar el atasco guardando una distancia prudente entre coche y coche hasta llegar al semáforo.

Pero esto no ocurre así, siempre tiene que haber alguien incordiando e intentando colarse en ese diminuto espacio.

Una distancia de cincuenta o sesenta metros entre coche y coche es lo más lógico si conducen a cien kilómetros por hora; me pregunto si habrá algún conductor que respete esta distancia. No voy a juzgar lo bueno y lo malo de la mentalidad española, pero ¿quién dice que los españoles no tienen tendencia a adelantar? Es una tipología muy común de los pueblos donde en su gastronomía predomina la carne. Avanzar y progresar son sus lemas.

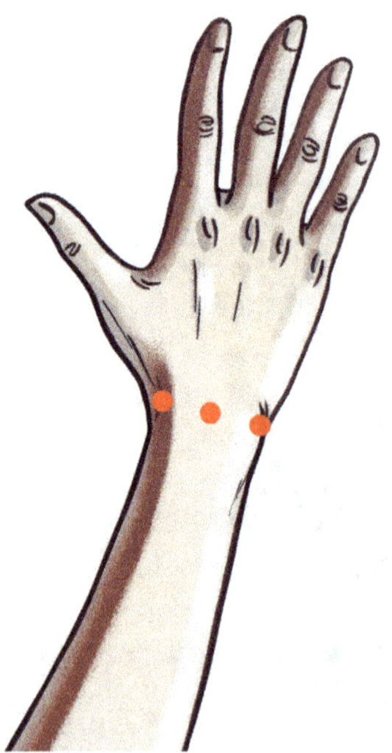

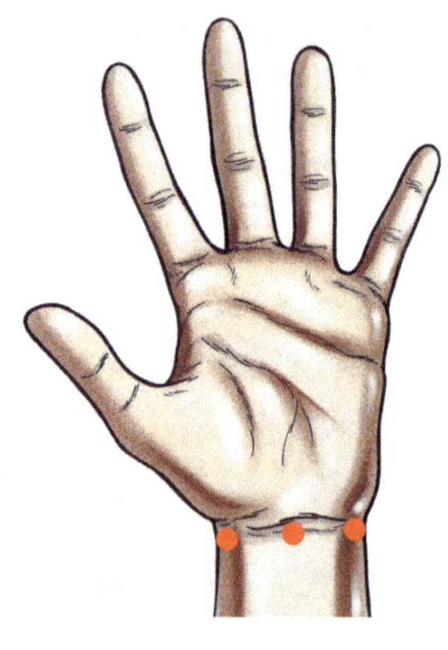

El cerebro es el que analiza y decide si una acción es correcta o no. Antes de que el cerebro envíe la orden al cuerpo, intentaremos controlarlo.

Les enseñaré una serie de ejercicios que se pueden realizar durante la conducción.

Primero, hagan una respiración profunda, llenando el vientre y expulsando el aire lentamente.

¡Insisto en que lo tomen como costumbre! Sobre todo cuando necesiten tomar una decisión.

Obviamente, no pueden realizar presión de Shiatsu, ya que tienen las manos en el volante. Giren las muñecas en todos los sentidos, trasmitiendo así estimulo a los puntos.

Al mismo tiempo, abran y cierren las palmas de las manos. En las muñecas se concentran básicamente seis puntos de presión muy importantes. Especialmente en el meñique hay un punto que controla las irritaciones y actitudes nerviosas permitiendo un pensamiento razonable.

Giren bien las muñecas para estimular este punto. Si por algún motivo le entran ganas de adelantar precipitadamente al coche que se encuentra delante, piensen, sobre todo, en las personas que son importantes para usted: la familia, el novio(a), etc.

Y sonrían tranquilamente, llegarán a ser unos conductores ejemplares y con mucho estilo.

Hace veinte años, en Japón, se pusieron de moda las clínicas que hacían tratamientos de acupuntura para dejar de fumar. Este tratamiento consistía en clavar un objeto punzante parecido a las agujas en ciertos puntos de las orejas.

Fue presentado en revistas y televisión, permitiéndole una difusión sorprendente. No sabemos si fue porque el método no funcionó o porque simplemente se calmó el *boom*, aunque hoy en día ya no sabemos nada de estas clínicas.

Hay personas que me preguntan: «¿Se puede dejar de fumar con algún tratamiento de Shiatsu?». ¿Hay algún punto de presión eficaz para dejar el tabaco? La razón por la que muchas personas pregunten esto puede ser que algún acupuntor japonés o chino haya encontrado algún punto definitivo y lo haya anunciando.

Yo opino que con el Shiatsu o la acupuntura se pueden calmar ciertos síntomas producidos por el «mono» o ausencia de nicotina; la irritabilidad, el aumento de apetito durante la abstención del tabaco y el desequilibrio del sistema nervioso autónomo. Sin embargo, es imposible que una persona deje de fumar sin concienciarse por sí mismo y sin tener una razón por la que dejar el tabaco.

Cualquiera que sea la enfermedad, si un paciente no tiene voluntad de curarse, es pesimista y carece de ánimo no existe remedio alguno para él; ni en la ciencia médica occidental ni en la oriental.

Este tipo de pacientes son los que finalmente aseguran: «no me curo por culpa de los médicos».

En mi caso, dejé de fumar poco después de empezar mi carrera como terapeuta de Shiatsu. No por una imagen de terapeuta sano, sino simplemente porque de repente el tabaco me sentaba mal. Fumar era para mí un placer, pero desde que cambió el sabor del tabaco, solo sentía que mi estómago y mi garganta se quejaban después de fumar un cigarro.

En esa época me encontraba en un círculo vicioso —nunca mejor dicho— y no fumaba por placer, sino por rutina. Después llegó el detonante, pues tuve la gripe y el dolor de la garganta me impedía fumar; y fue cuando me planteé dejar el tabaco. Por esta razón tan tonta, hoy ya no fumo.

Muchos fumadores adultos intentan dejar de fumar, mientras que los adolescentes andan por ahí fumando en la calle, antes y después de la escuela. Para ellos es una época en la que todavía están creciendo, y el tabaco les perjudica en todos los sentidos.

Mucha culpa la tienen los adultos, que lo aprueban tácitamente: «no se permite fumar en el colegio, pero estando en la calle…».

En Japón, tradicionalmente, se consumía con sentido común: el tabaco solo se les permitía a aquellos que trabajaban, a quienes podían comprarlo con su propio dinero.

A un joven al que su padre mantenía no le estaba permitido fumar. Por ello, para una persona como yo, que ha recibido este tipo de educación, le parece intolerable y vergonzoso ver a los jóvenes japoneses fumando por la calle.

Este sentimiento puede ser algo parecido a un acto reflejo para los que hemos recibido este tipo de educación.

Los jóvenes entre los catorce y los dieciséis años están en una época de mucha curiosidad y tienen ganas de probarlo todo. No habría ningún problema si después de probar el tabaco fuera fácil dejarlo. Sobre todo, la consecuencia de esta «aventura juvenil » es un gasto económico inmenso cuando esta persona llegue a su madurez y tenga que pagar, aunque resulte absurdo, los servicios de una clínica para dejar el tabaco.

Mi mujer fuma y como se encuentra bien fumando está dispuesta a pagar las consecuencias. Cuando una persona pone límite al consumo diario, por ejemplo diez cigarros al día, dicen que el tabaco sabe cada vez peor.

Si la persona se siente a gusto fumando, y lo hace siendo consciente de las consecuencias, y respetando la ética social, opino que fumar, en este caso, no será malo.

Nosotros los no fumadores también podríamos ser más tolerantes. El tabaco existe desde hace mucho tiempo atrás, solo hay que procurar no fumar demasiado y hacerlo con un control.

Sin embargo, si una persona fuma tan solo cuando está irritada y lo hace por costumbre, haciendo sufrir al estómago y a la garganta, tal vez sería conveniente que lo dejase. Como advierte la cajetilla, el excesivo consumo de tabaco provoca cáncer y cuando nos demos cuenta de lo que realmente supone tener esta enfermedad sabremos que no merece la pena perder la salud por ello.

## Las fórmulas para dejar de fumar　　禁煙の方程式

**1.** ||||||||||||||||||||||||||||||||||||||||||||||||||||||||||||||||||

Cada persona tiene un ciclo. Hay personas para las que la primavera es una estación de bajada y se sienten mejor en verano. Asimismo, a lo largo de un día también existe este tipo de ciclos: la mañana es mejor que la tarde. Analicen su ciclo y precisen cuál es su etapa más baja, este será el momento de dejar el tabaco.

Un ejemplo de esta etapa es tener la gripe, que al producir congestión de nariz, dolor de cabeza y garganta, incluso a los fumadores «compulsivos», les cuesta fumar.

**2.** ||||||||||||||||||||||||||||||||||||||||||||||||||||||||||||||||||

Si han decidido dejar de fumar, háganlo definitivamente. Nada de «dejarlo poco a poco».

*3.* ||||||||||||||||||||||||||||||||||||||||||||||||

La tentación más fuerte de fumar se produce después de comer, pero no dura más de quince minutos.

Tómense un zumo de naranja o de pomelo y esperen a que se les pase el «mono».

*4.* ||||||||||||||||||||||||||||||||||||||||||||||||

Tomen líquidos y procuren sudar mucho haciendo deporte. Escojan alimentos con poca grasa y eviten los estimulantes como el café. Paladeen el sabor de la comida (los buenos cocineros no fuman porque el tabaco neutraliza los aromas).

*5.* ||||||||||||||||||||||||||||||||||||||||||||||||

Puede que les entre más apetito y es posible que engorden unos cinco kilos. No se preocupen y piensen que después los pueden perder.

*6.* ||||||||||||||||||||||||||||||||||||||||||||||||

El ciclo del «mono» aparece cada tres días, cada tres semanas y a los tres meses. Manténganse alerta en estas fechas. Cuando hayan superado los tres meses, se puede decir que el logro está casi asegurado.

## *Dejar de fumar. El Shiatsu para las orejas* 耳ツボ指圧

Les propongo Shiatsu cuando tengan ganas de fumar. En las orejas se encuentran muchos puntos relacionados con todo el cuerpo. La terapia sobre los puntos específicos la dejaremos en manos de los expertos y vamos a empezar con un tirón de las orejas.

Primero nos tiramos de las orejas empleando los dedos índice y pulgar de las dos manos. Dividan los bordes de las orejas en cinco puntos y vayan tirándose despacio.

Cinco tirones son una serie. Realicen tres series.

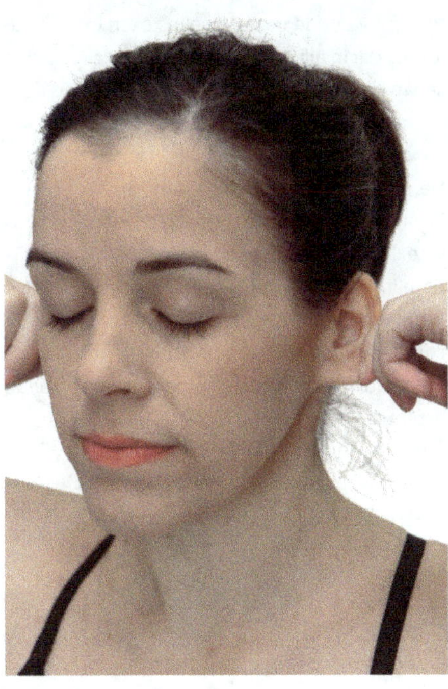



Cubran la parte posterior de las orejas con las manos. Lleven las orejas hacia delante y suéltenlas. repítanlo unas diez veces.

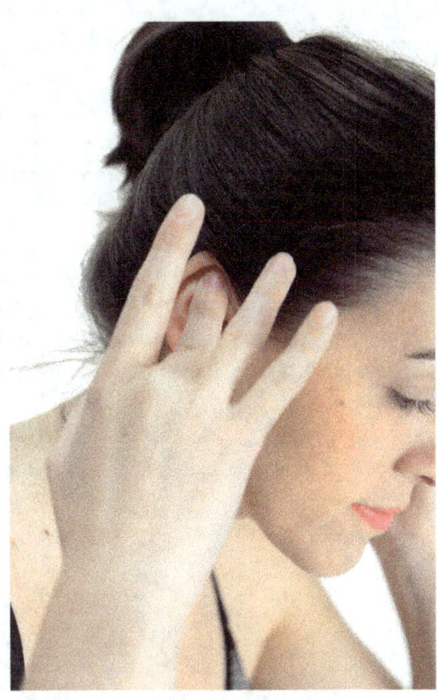



Presionen con el dedo pulgar alrededor del orificio del oído. La presión se realiza desde dentro hacia fuera. El número de veces y los puntos no están determinados. Localicen las partes que más duelan o que estén más tensas y presionen más tiempo, hasta que se vayan relajado esos puntos. El tiempo estimado para la terapia son unos cinco minutos.

Les enseñaré el punto para dejar de fumar que se sitúa en esta zona. Peguen un granito de arroz con un celo en el punto y cámbienlo cada cuatro días.

Al finalizar la sesión sentirán calor en las orejas y notarán cómo desaparecen las ganas de fumar.

Si quienes realizan este tratamiento son personas verdaderamente decididas, estaría muy agradecido si me escriben para contarme el resultado.

upongamos que el cuerpo humano es un mapa. Cualquiera no sabría manejar este mapa; sin embargo, nosotros los terapeutas podemos ver al detalle los puntos en los que se distribuye la superficie del cuerpo humano.

Cuando una persona sufre problemas en el estómago, aparece el «aviso» del síntoma en unos puntos específicos. Al tocar ese punto se siente tenso y obstruido. Cada órgano tiene sus puntos específicos para comunicarnos su estado.

Los órganos internos, las venas, el corazón, el pulmón, etc., no importa cuál sea el órgano, nos muestra avisos en la superficie del cuerpo. Son lo que nosotros llamamos «puntos de presión».

Son puntos muy sensibles; hay veces que se ocultan bajo la piel mostrando solo una parte en la superficie, o incluso están totalmente escondidos y no se sienten al presionar.

Los puntos de presión se encuentran alrededor de las articulaciones, en la parte curvada de los huesos, y donde nacen o se insertan los músculos, es decir, allí donde se detiene la circulación sanguínea (imagínense el recodo de un río donde se estanca el agua sucia y los sedimentos).

De hecho, algunos puntos son tan sensibles a la presión por concentrarse en ellos residuos y toxinas que el organismo no ha sido capaz de eliminar. Les explicaré las diferencias entre un masaje y un tratamiento Shiatsu poniendo como ejemplo una competición deportiva (según la forma de presionar los puntos se puede estimular o calmar).

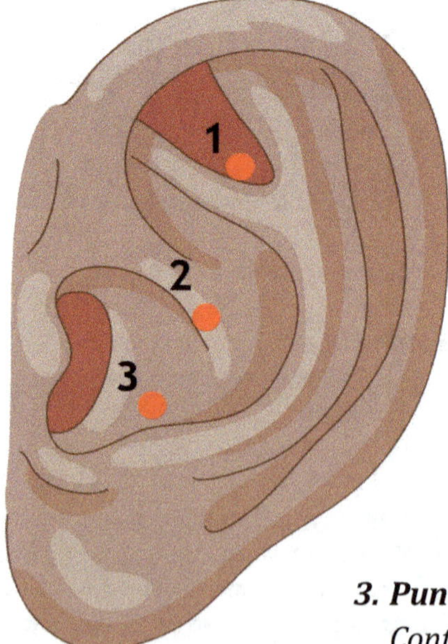


**1. *Shinmon:***
*Punto de la ansiedad.*

**2. *Punto del estómago:***
*Control del apetito.*

**3. *Punto de los pulmones:***
*Control de la respiración.*

Antes de la prueba, se realizan masajes con aceite estimulando los puntos de presión para despertar la consciencia competitiva. Al finalizar la competición, los puntos de presión se utilizan para calmar tensiones y eliminar cansancio, tanto físico como mental. El segundo sería más bien un tratamiento de Shiatsu, eficaz para un cuerpo insensibilizado por el agotamiento físico y mental, debido a dolores o al entumecimiento por el paso de los años.

Al forzar la apertura de un punto con una presión demasiado fuerte, este se hunde y se cierra aún más. Sin embargo, al presionar con delicadeza y suavidad, los puntos se abren liberando las tensiones que se encontraban debajo.Recuerden el relato de isopp, el viento y el sol.

El que intenta las cosas a base de fuerza no las consigue. La presión hay que realizarla con la sensibilidad y delicadeza de una madre, consiguiendo así relajar los puntos poco a poco.

Se puede decir que los puntos de presión están vivos y su personalidad es muy sensible.

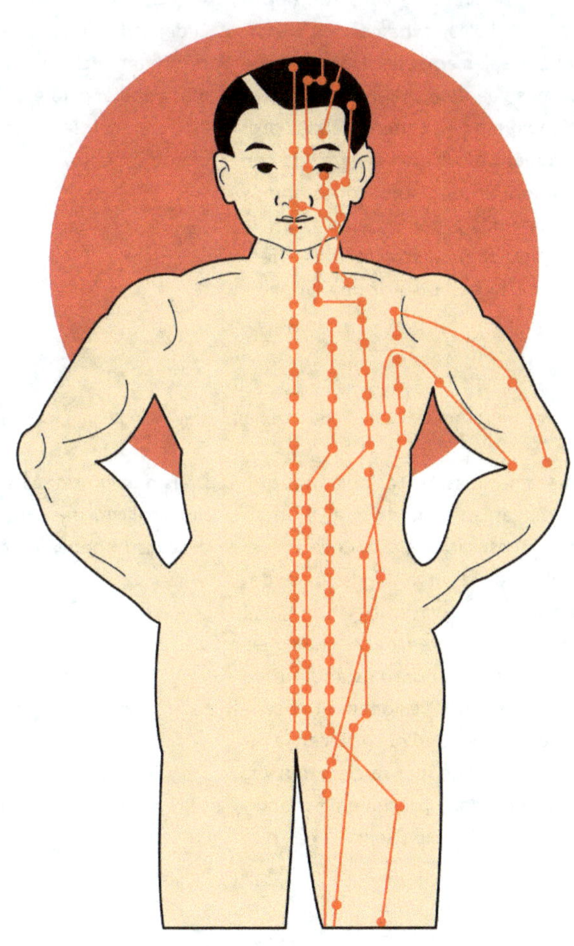

# 23. El dolor de garganta

Pienso que en España hay muchas personas que tienen la voz vigorosa y clara. Sobre todo, me produce una gran admiración escuchar a los comentaristas de informativos retransmitir con ese tono.

Para las personas que trabajan con su voz, como los presentadores de televisión, cantantes, actores, etc., su instrumento es, sin duda, la garganta.

En nuestro caso, donde las manos son herramientas imprescindibles, evitamos los deportes con los que te salen ampollas (como tenis o golf) y utilizamos guantes para los quehaceres manuales. Supongo que los mencionados profesionales también se cuidarán la garganta con el mismo primor. Sin embargo, todos somos humanos y podemos tener problemas en la garganta por gritar demasiado al excitarse viendo un partido de fútbol, o sufrir una laringitis por un simple descuido, etc.

Me llaman muchas veces los comentaristas o los cantantes diciendo que tienen una actuación en cinco minutos, pidiéndome que les enseñe los puntos de presión para quitar el dolor de garganta. Bueno, son situaciones de emergencia. Así que les enseño los puntos que sirven provisionalmente para estos síntomas, mientras pienso en los sermones que les voy a echar cuando vuelvan.

El dolor de garganta es un síntoma de inflamación y tarda tiempo en recuperarse. La receta más popular para el dolor de garganta es té con limón y miel. También el extracto de propóleo puede ser eficaz.

**1.**

Echen la cabeza hacia atrás. Las personas que sufren dolor de garganta puede que ya noten irritada la zona al estirar el cuello. Coloquen el dedo en el centro de la garganta, donde podemos localizar la nuez, y vayan bajando hasta llegar a un hueco que se encuentra entre las dos clavículas. Este es el punto estándar para los dolores de garganta. Presionen en el centro empleando el dedo medio. Localicen la dirección de la presión que más duela y una vez concretada la dirección, presionen echando la cabeza hacia atrás y expulsando el aire al mismo tiempo.

Unas diez presiones se cuentan como una serie. Realicen tres. Entre una y otra, hagan un descanso y beban un zumo de limón con miel.

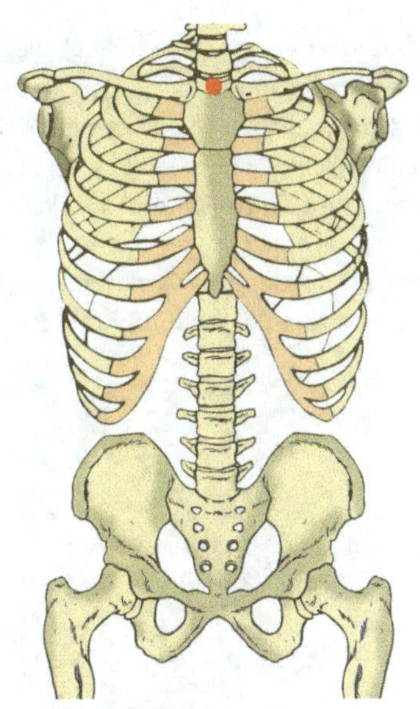

*2.* ||||||||||||||||||||||||||||||||||||||||||||||||||||||||||||||||||||||||||||||||||||||||||||||||||||||||||||||||||||||||||||||||||||||||||||||||

Cuando hayan acabado con el ejercicio anterior, presionen los tendones del esternocleidomastoideo en la parte superior de la clavícula, cerca del esternón. Presionar el punto hacia dentro hasta notar un fuerte dolor. Este es el punto para calmar el dolor de garganta. El punto se encuentra en las dos clavículas, pero esta vez solo trataremos el lado que más moleste al presionar.

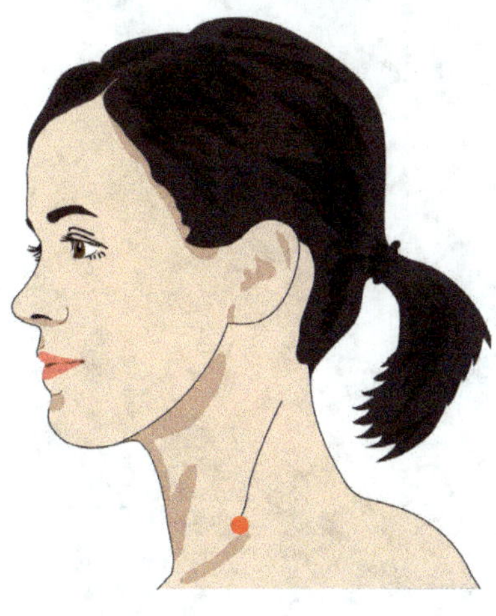

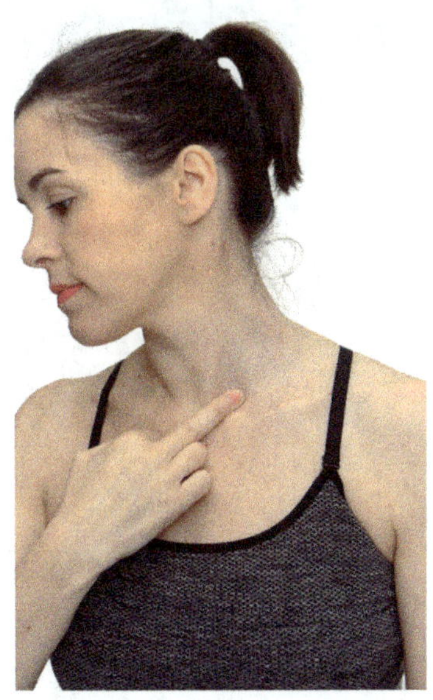

Al flexionar el codo y observar el pliegue anterior aparecen en la zona arrugas. Palpando con el dedo medio, en el lado externo del pliegue (lado radial) podemos localizar un punto doloroso. Este es otro punto para calmar el dolor de la garganta. Busquen la dirección de la presión que más les duela. Colocando el pulgar en el lado interno del codo, abrazar con la palma el codo para fijar la posición de la mano y empleen el dedo medio para presionar. Mantengan la presión y giren diez veces el codo hacia la derecha, y viceversa. Una vez acabado el tratamiento de un brazo, empiecen con el otro.

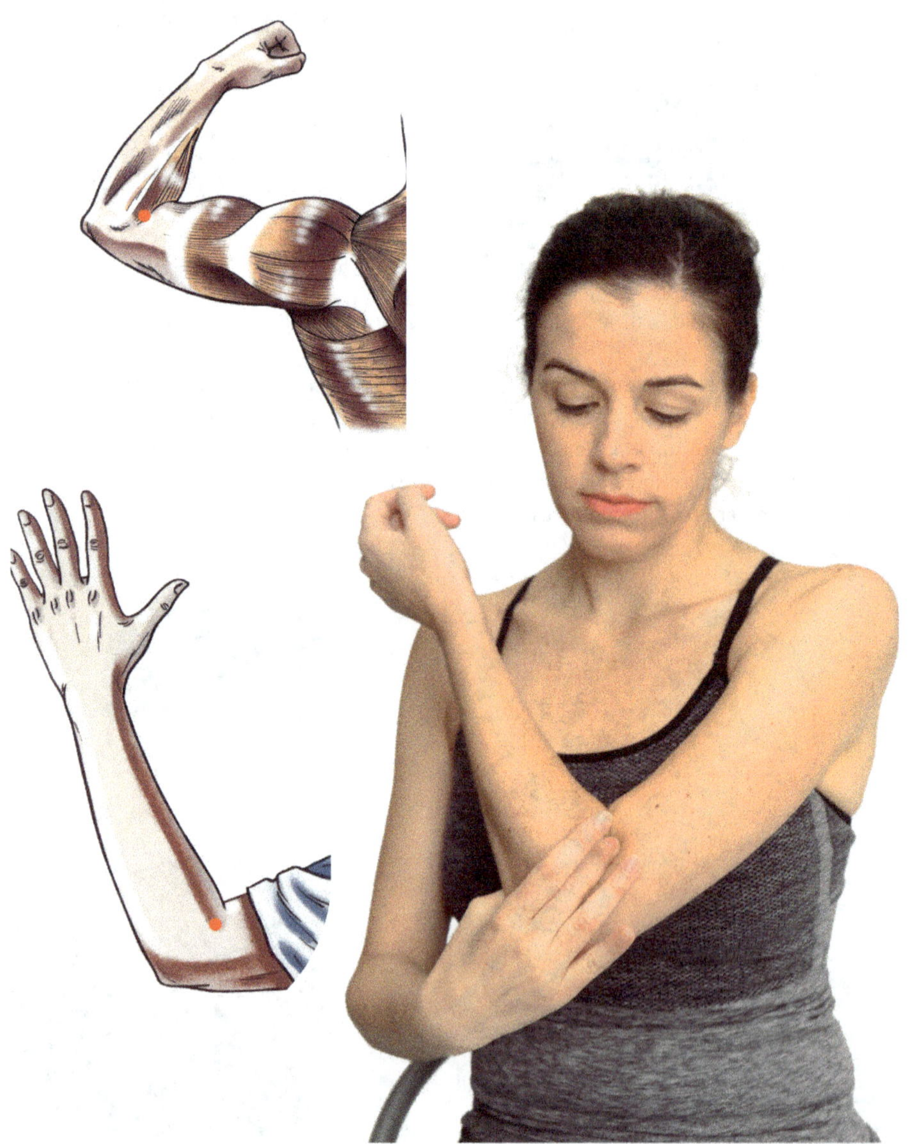

Los síntomas como la congestión nasal durante la gripe o la alergia al polen no perjudican directamente la salud, pero es cierto que resultan bastante incómodos. Cuando veo a la gente con la nariz roja al sonarse incesantemente, siento compasión por ellos.

Al inclinar la cabeza hacia abajo, localizamos un hueso que sobresale en la parte baja del cuello. Este bulto corresponde a la séptima y última de las cervicales. Desde este hueso, empiezan las dorsales. Y entre la primera y la segunda dorsal salen ramificaciones nerviosas que transmiten las órdenes a los órganos respiratorios y circulatorios. Para aliviar la congestión nasal presionaremos este punto. Pero dada la posición del punto y la dificultad para presionarse uno mismo, utilizará un secador de pelo para calentar la zona. Con una distancia de diez a quince centímetros, mantendremos el aire caliente sobre la zona durante quince segundos, descansamos y lo repetimos dos veces más. Notarán cómo se van secando los «moquillos».

Peinémonos con raya al medio, describiendo una línea recta en la cabeza. Dividan esta línea (desde la frente, donde empieza el pelo, hasta la coronilla) en seis puntos y presionen empleando los cuatro dedos ambas manos.

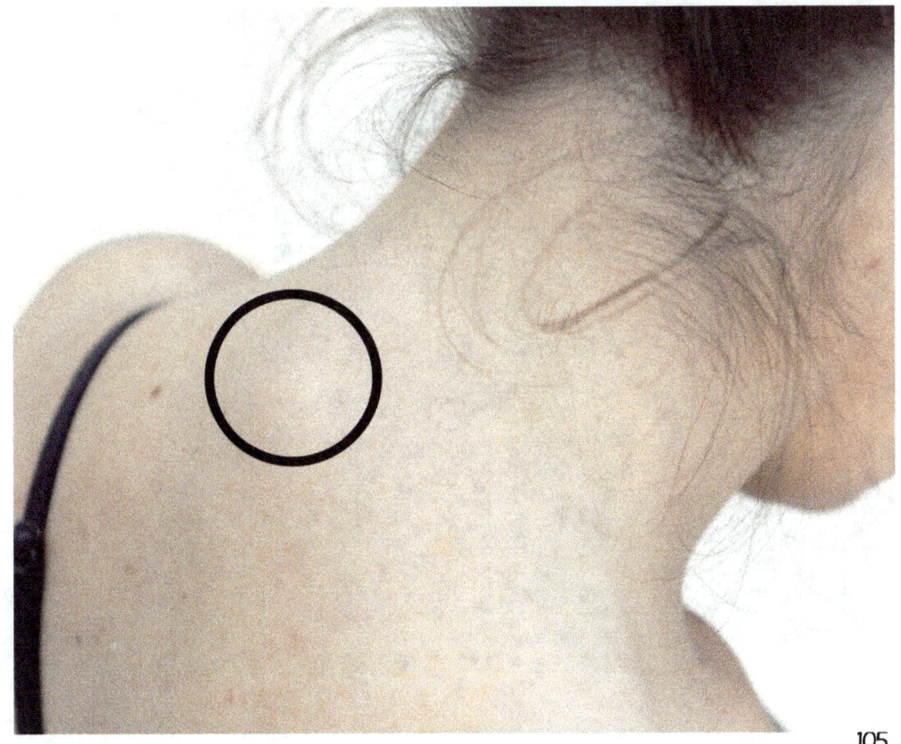

Sobre todo el segundo punto empezando desde la frente, que al presionarlo produce un dolor agudo, este es el punto para aliviar la congestión nasal. Repitan la presión sobre los seis puntos unas tres veces. Luego presionamos exclusivamente el mencionado punto. Esta vez la presión sobre el punto se realiza más fuerte. Cada presión durará unos cinco segundos. Repitan cinco veces. Notarán cómo disminuye la congestión en la nariz. Les recomiendo repetir el tratamiento unas tres veces al día.

Obviamente, lo más importante es localizar la causa de la congestión y curarla, pero estos tratamientos también sirven como un alivio provisional. Cuando un niño tiene congestión y no puede dormir porque respira mal, podemos ayudarle con este tratamiento, que es muy útil para estos casos.

Esta es una de las preguntas más habituales en mis pacientes al recomendarles el médico la natación. Para la natación se utilizan todos los músculos del cuerpo, por eso es un ejercicio ideal para la musculación y la rehabilitación. Una o dos veces a la semana es muy saludable y recomendable (también mentalmente, en el sentido de que es una solución contra el estrés).

Sin embargo, cualquier ejercicio deportivo provoca sudor y estimulación. Mientras se encuentre en el agua (piscina) no habrá ningún problema. Pero después de haber acabado el ejercicio, la temperatura del cuerpo será más elevada y por eso habrá que tomar medidas, como secarse bien y tomarse un tiempo de relax tras el ejercicio físico, para que la temperatura corporal pueda adaptarse a la del entorno, evitando así una posible atrofia muscular.

Como ya he dicho, la natación es saludable, tonifica los músculos y moviliza las articulaciones siempre y cuando tomen precauciones después del ejercicio. De lo contrario, las posibles dolencias musculares pueden quedar igual, e incluso llegar a empeorar.

En cualquier deporte es importante realizar una serie de ejercicios de calentamiento antes del ejercicio y estirar al terminar.

La forma de respirar, el sudor y la temperatura del cuerpo después de los ejercicios deportivos, y antes de volver a la vida cotidiana, es uno de los principios más elementales que hay que tener en cuenta.

# 25. Shiatsu para la cara: quita las arrugas, tensa y embellece la piel 美顔

Nosotros los japoneses aparentamos menos edad de la que tenemos en realidad, especialmente en el rostro. Puede ser que nuestra piel envejezca más despacio. La humedad que hay en Japón y las costumbres, como por ejemplo el consumo de té verde japonés y algas marinas, pueden ser factores que influyan en este fenómeno.

Me acuerdo que mi mujer, cuando nos instalamos en España, se quejaba mucho de que se le secaba la piel y pasaba mucho tiempo poniéndose cremas hidratantes con protector solar y rayos UVA. En Japón, el mercado de estas cremas aumenta cada día; no es por miedo al cáncer de piel, sino porque allí prefieren tener la piel blanca y sin manchas, especialmente en la cara.

En España, irónicamente, se distinguen los turistas japoneses por usar siempre gorro blanco (como protección del sol), cámara de fotos y zapatos deportivos.

Las mujeres españolas adictas al sol tienen manchas y pecas en la piel.

Además, se echan un bote entero de crema bronceadora para ponerse aún más morenas. ¿Les preocupará el cáncer? Las mujeres morenas dan la impresión de tener el semblante más firme y sano, pero si no toman precauciones le pueden salir manchas y pecas irreparables. Sobre todo hay que tener cuidado en los hombros, las manchas se quedarán ahí para toda la vida como si fuera el sello pero con un «premio al moreno».

Cuando pienso en lo fuerte que es el sol en España, me preocupa la cantidad de población que podría sufrir cáncer de piel. Pero eso sí, las playas de España son bellísimas (las de Japón son charcos sucios en comparación con estas).

## Shiatsu dermoestética (para la cara) エステティック指圧

*1.* ||||||||||||||||||||||||||||||||||||||||||||||||||||||||||||||||||||||||||||||||||||||||||||||||||||

Cubran la cara con las dos manos durante tres minutos para relajar el rostro en general con la energía y el calor que produce la mano.

Ahora presionemos la parte de la sien. Dividan la distancia entre el rabillo del ojo y la oreja en cinco puntos. El segundo punto, donde se encuentra un hueco en el hueso, es el punto de la sien. También es conocido por su eficacia contra los dolores de cabeza. Vayan presionando el punto empleando el dedo medio de las dos manos describiendo un círculo: diez vueltas en el sentido de las agujas del reloj y diez en el otro. Repitan tres veces el proceso.

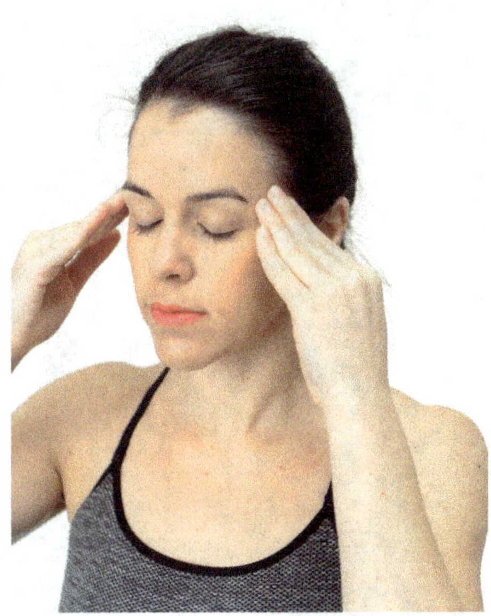

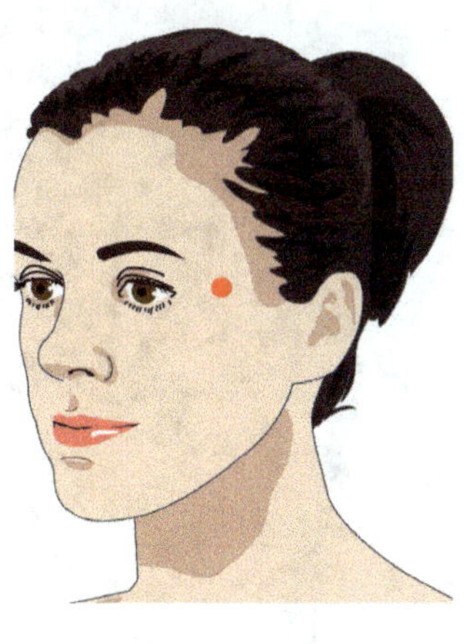

Ahora presionen la zona entre los ojos y las cejas, en la parte superior del párpado. Distribuyan los puntos desde el entrecejo hacia fuera (cinco puntos) y presionen hacia arriba con los pulgares de ambas manos. Presionen fuerte en el segundo punto, donde se encuentra un hueco por donde pasan nervios. Repitan la presión de estos cinco puntos tres veces.

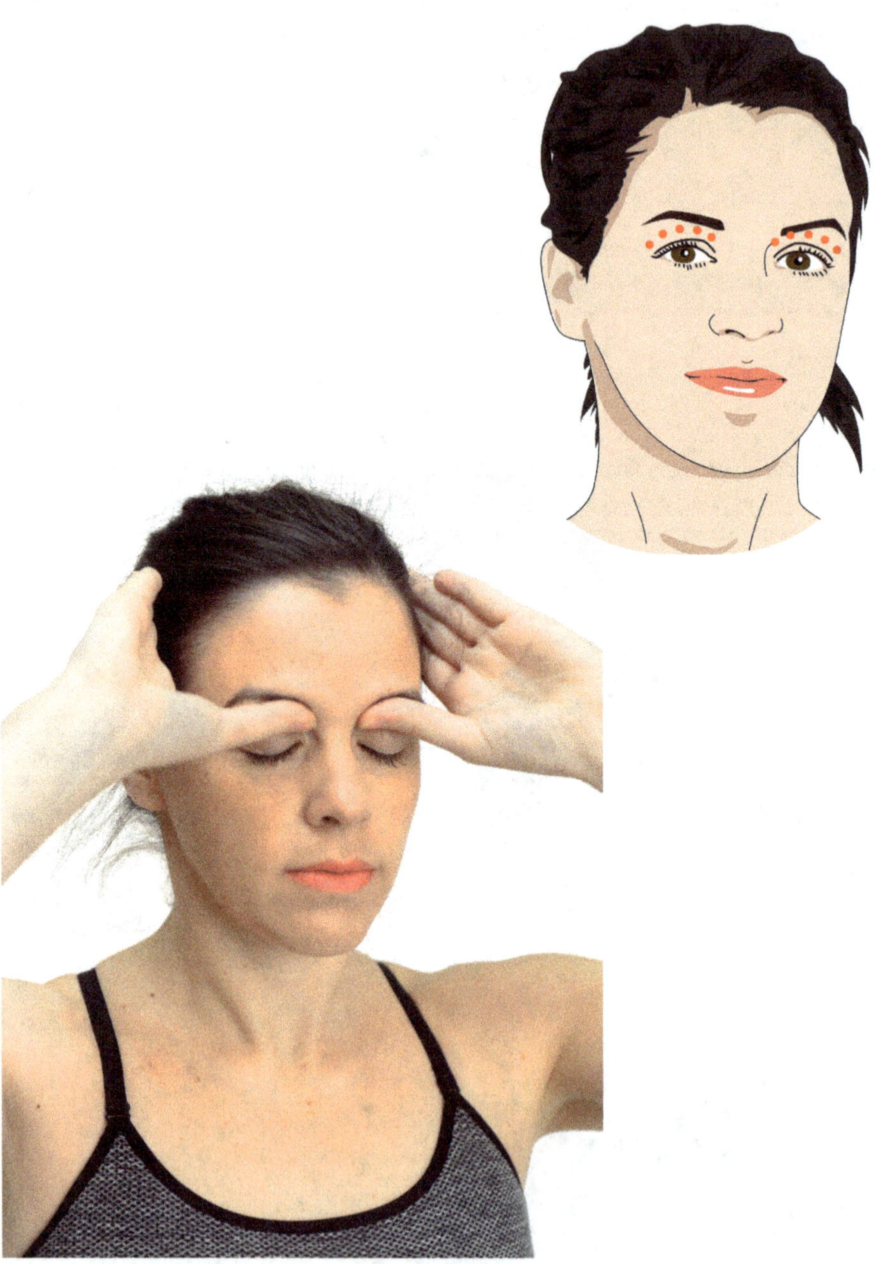

Presionemos la parte inferior del ojo, donde se forman las ojeras. Distribuimos en cinco puntos, desde el interior hacia fuera, y presionamos con la yema del dedo índice (poniendo por encima el dedo medio).

La presión sobre los cinco puntos se cuentan como una serie. Repitan tres series.

Luego presionen a los lados de la base de la nariz, también con el índice, y desde los ojos hacia abajo, dividiendo la zona también en cinco puntos. Repitan el ejercicio tres veces.

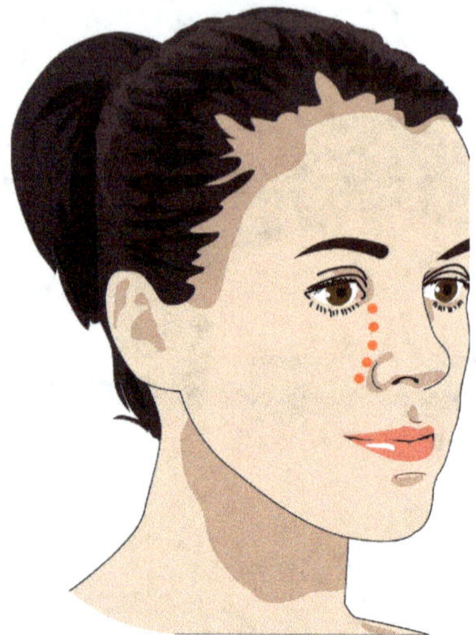

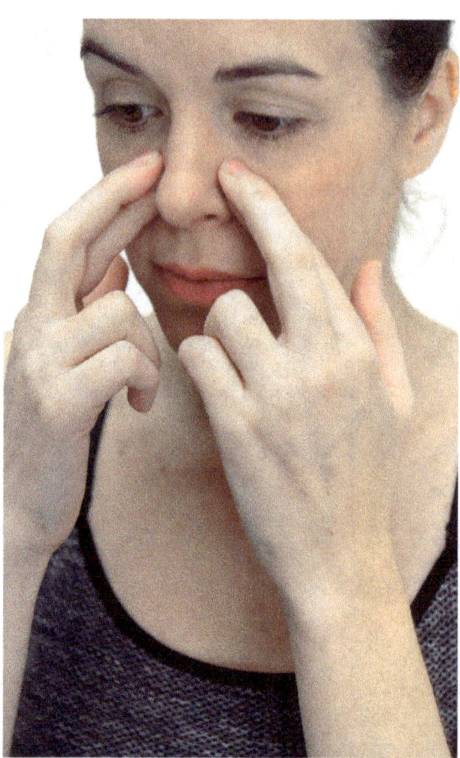



Abran bien la boca y vocalicen pensando en alguna persona que les guste especialmente —algún personaje famoso o también puede ser en algo agradable—, pero sin emitir sonido. Háganlo despacio y exagerado. El ejercicio relaja la musculatura circundante a la boca.

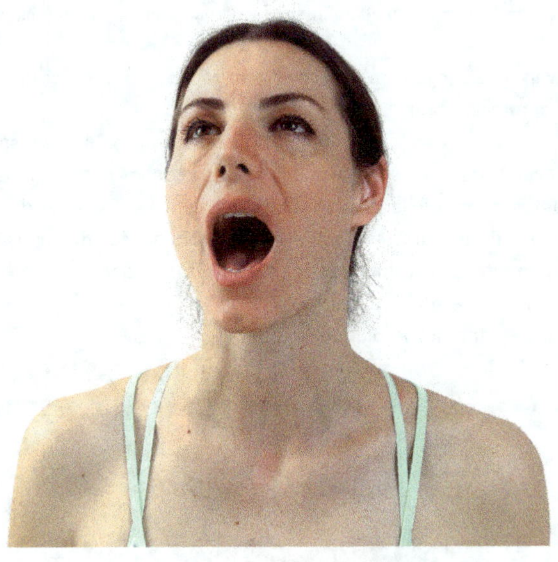

**7.** ||||||||||||||||||||||||||||||||||||||||||||||||||||||||||||||||||||||||||||||||||||||||||||||||||||||||||||||||||||||||||||||||||||||||||||||||||||||||||

Con la boca cerrada ponemos los dedos a ambos lados de la base de la región zigomática y presionamos los cinco puntos de dentro hacia fuera. Repitan el ejercicio tres veces.

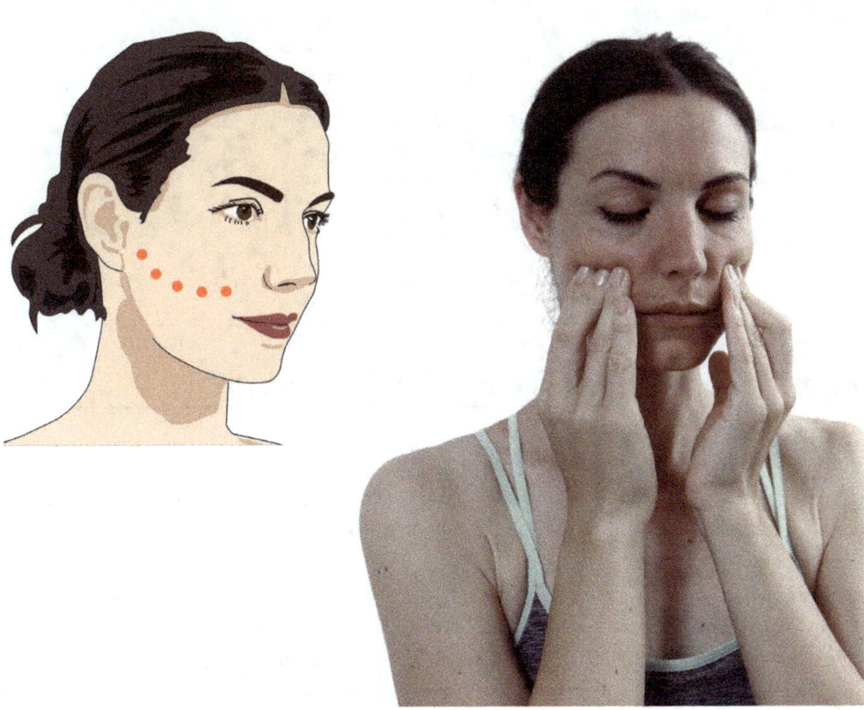

Para finalizar, vuelvan a cubrir la cara con las manos, esta vez haciéndolas vibrar.

Les recomiendo hacer todos estos ejercicios antes de dormir, antes de maquillarse o bien cuando tengan tiempo libre; pero, eso sí, se deben realizar diariamente. Los resultados no se consiguen al instante. Si hacen los ejercicios todos los días, podrán mantener la piel de la cara tan joven y tersa como un bebé.

Se dice que al ver una cara se nota rápidamente el estado de los órganos internos de esa persona (la cara es el espejo de nuestro estado de salud). No olviden que una alimentación equilibrada es esencial.

## *«Corazón de Shiatsu, corazón de madre»*　指圧の心、母心

Se dice que la cara es el espejo del alma y que refleja la condición de los órganos internos. Podemos conocer la condición física y mental observando la cara de una persona. No es nada difícil, sabemos que una persona que oculta algo mira hacia todas partes y, aunque no quiera, los hábitos se manifiestan cada vez más. Es un diagnóstico común en todas las culturas.

El otro espejo son los padres, que nos muestran la educación que se debe inculcar a sus hijos. Porque si un padre pasea a su perro sin recoger los excrementos del animal, el hijo creerá que eso es lo correcto. Igualmente al aparcar el coche en medio del paso de peatones, o al no ayudar a pasar la calle a las personas discapacitadas, ancianas, etc., en fin, los hijos se percatan de todo y aprenden de lo que ven.

De forma que, siguiendo este planteamiento, si los padres se comportan de una manera solidaria con los débiles y de forma racional, los hijos también lo harán.

Nosotros intuimos el carácter de una persona por la impresión que nos da su rostro; es la forma más primitiva de análisis personal, pero muchas veces la más acertada.

Este tipo de análisis es tal vez una de las habilidades que las personas están perdiendo como hábito.

Al recibir la terapia Shiatsu, muchas personas se sorprenden al sentir dolor en las zonas más inesperadas y también al notar las mejoras y transformaciones de su condición física.

Esto es lo sorprendente del cuerpo humano.

Al presionar los puntos nosotros mismos, notamos el dolor.

Este es el primer paso para comprender el dolor de los demás; nos podemos imaginar cómo será el dolor de otras personas y cómo se sentirán. Cuando piensa en el dolor del prójimo, la persona se hace más comprensiva y se va liberando de la mentalidad egoísta. Al final sabremos lo que significa la expresión: «Trata a los demás como te gustaría que te tratasen a ti».

En cualquier terapia no hay mal paciente ni mal terapeuta, se ofrece un intercambio de vibraciones entre dos personas: el terapeuta que presiona y el paciente que recibe; solo se pretende un intercambio de ayuda para mejoría de ambos.

Ahora comprendo la frase que repetía el maestro Tokujiro Namikoshi, pionero de la terapia Shiatsu: «El corazón del Shiatsu es como el corazón de una madre».

El concepto de lo que se considera estético depende de la época. En nuestra cultura se ha mantenido hasta hace poco el ideal de personas rellenitas como símbolo de belleza. Si no me equivoco, recuerdo que un amigo me contó que en occidente también pasaba lo mismo.

Yo personalmente me siento más cómodo al estar con una mujer rellenita (obviamente dentro de unos márgenes, el peso adecuado con la edad) porque me produce sensación de ser acogedora y amable.

Parece que a ciertas profesiones les conviene la imagen de buena salud que refleja el hecho de tener unos kilitos de más: como a un político, a un cocinero, a las maestras de preescolar, etc.

Hoy en día se ha popularizado el término «grasa interna». Esto se refiere a la grasa que se ha acumulado en las venas y órganos internos; de hecho, no se nota en el aspecto físico exterior. Así, aunque a simple vista esté delgado, si el índice de grasa interna de una persona es superior a la media, se puede decir que esa persona está gorda.

La mayoría de mis pacientes suelen ser delgados; sin embargo, también son muchos los que sufren la «gordura interna» a causa del estrés.

No hay que dejarse nunca engañar, ya que estos casos son peores que los de «gordura externa».

En el mercado de carne de vacuno japonés hay una notable preferencia por los filetes con mayor masa de grasa; para conseguir esto, los ganaderos hacen beber cerveza a las vacas para que engorden internamente. Lo mismo pasa con el foie gras occidental. ¡Qué cosas tan horribles se nos ocurren a los humanos por el simple placer de comer! me imagino que los animales, si pudieran, opinarían lo mismo.

¿Por qué engordamos? Yo creo que la cuestión está en la hora y la forma de comer. Aunque consumamos mucho en el desayuno y en la comida, al estar activos se queman las calorías durante el día.

Lo contrario ocurre cuando nos acostamos después de una abundante cena. La digestión necesita su tiempo y durante el sueño su funcionamiento es muy inferior a lo normal. Es importante contar con un período de tiempo para hacer la digestión.

El truco para adelgazar es: comer la cantidad adecuada a su debido tiempo.

Son muchas las personas que van a clínicas para adelgazar. Consiguen provisionalmente una figura ideal, pero al año siguiente vuelven a engordar otra vez.

A este fenómeno se le llama «efecto rebote» o «seguir una dieta yoyó», porque al adelgazar de repente el cuerpo tiene mayor capacidad de absorber los nutrientes. Es un caso que frecuentemente hace acumular la grasa interna y rebaja el rendimiento de los órganos internos. Los que sufren algún tipo de estrés psicológico también son los más propensos a engordar internamente.

La solución es: controlar el consumo de alimentos y realizar los ejercicios de respiración. La respiración quema una cantidad importante de la grasa, realicémosla despacio durante cinco o diez minutos. También es aconsejable realizar una serie de estiramientos antes de acostarse.

## *Shiatsu para adelgazar* 痩せちゃう指圧

**1.** ||||||||||||||||||||||||||||||||||||||||||||||||||||||||||||||||||||||||||||||||||||||||||||||||||||||||||||||||||||||||||||||||||||||

Realicen un segundo tipo de Shiatsu para el estómago que sirve para ayudar a digerir las comidas; está situado entre la boca del estómago y el ombligo, justo en el punto intermedio entre estas dos zonas.

Tres presiones será una serie. Repitan tres veces.

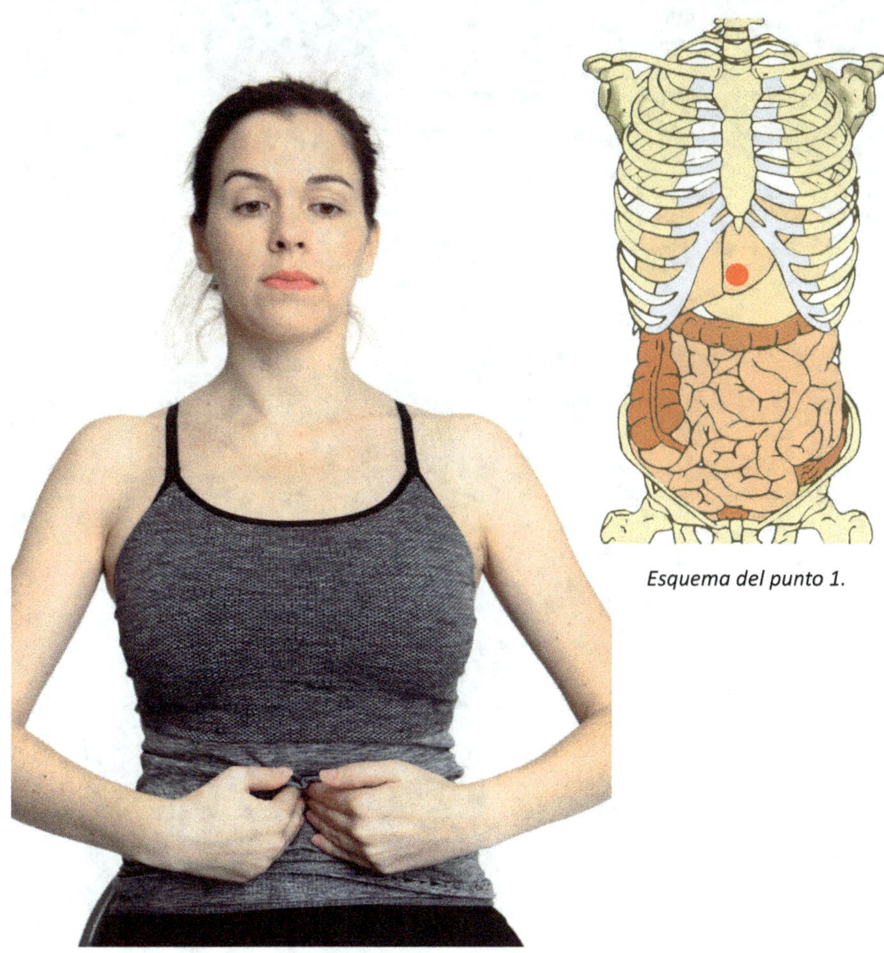

*Esquema del punto 1.*

Imagínense un círculo que tenga de diez a quince centímetros de diámetro localizando su centro en el ombligo; la comparación sería equiparable a una pizza.

Ahora, repartan esa pizza en ocho porciones y vayan presionando, en dirección a las agujas del reloj, con los cuatro dedos de ambas manos a la vez.

Cuando hayan completado tres vueltas, respiren despacio unas diez veces presionando la misma zona en ocho puntos. Repitan tres veces el ejercicio.

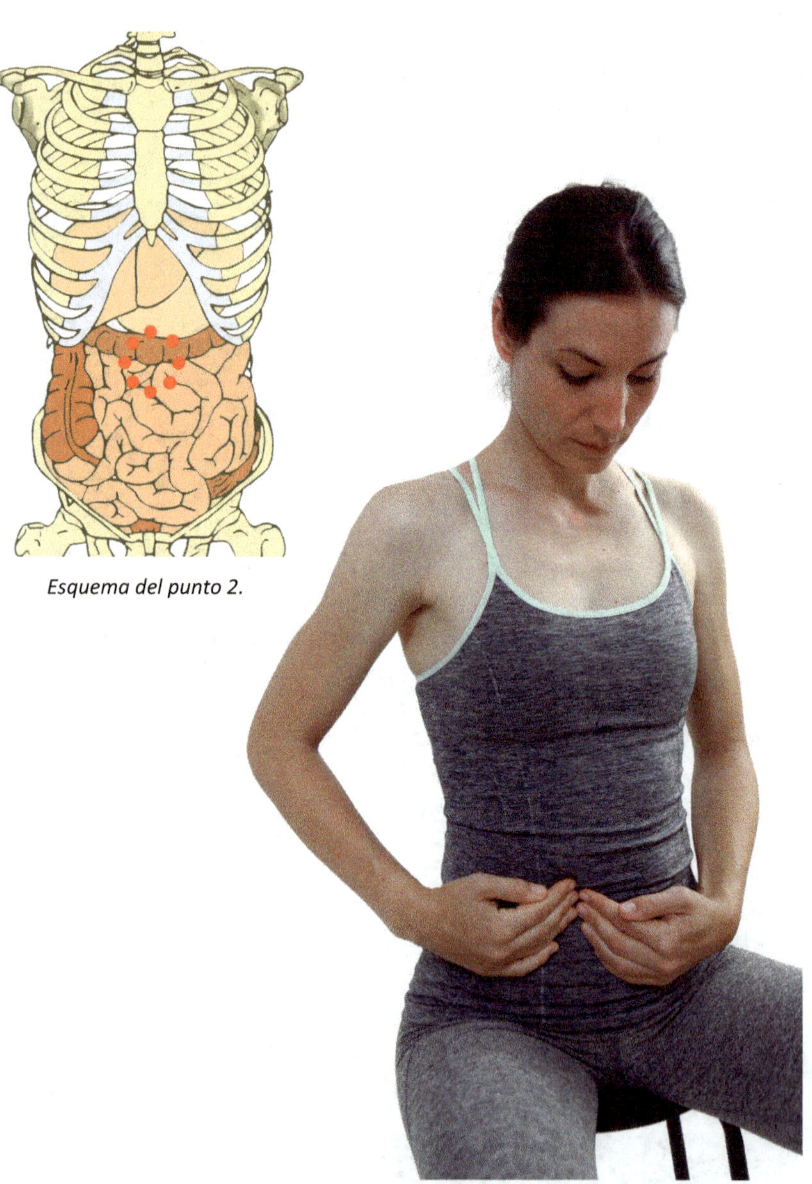

*Esquema del punto 2.*

*3.* ||||||||||||||||||||||||||||||||||||||||||||||||||||||||||||||||||||||||||||||||||||||||||||||||||||||||||||||||||||||||||||||||||

Para finalizar, coloquen la palma de la mano sobre la zona donde se sitúa el hígado y calién-tenlo durante cinco minutos. El cuerpo se lo agradecerá.

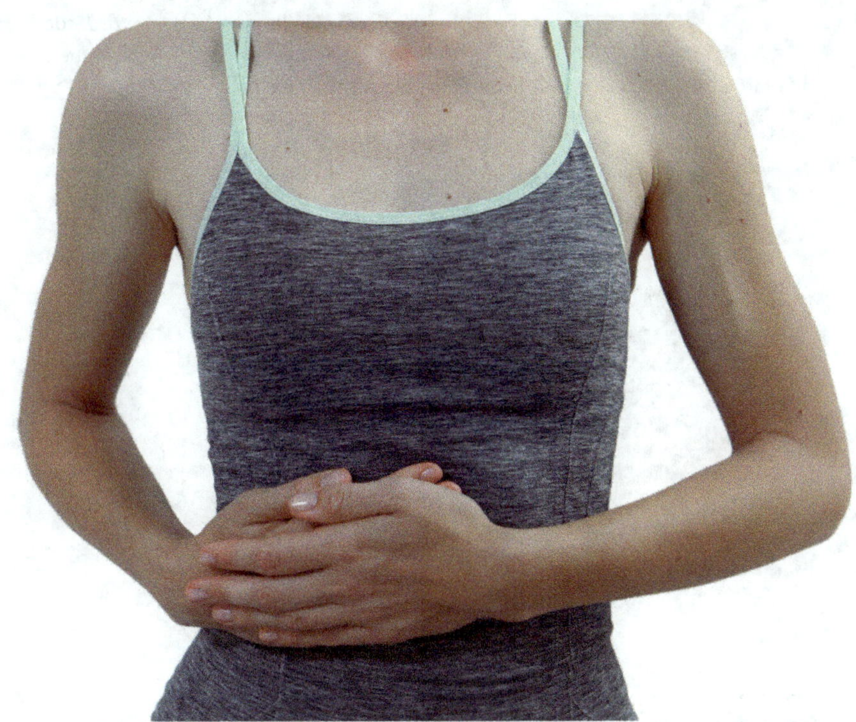

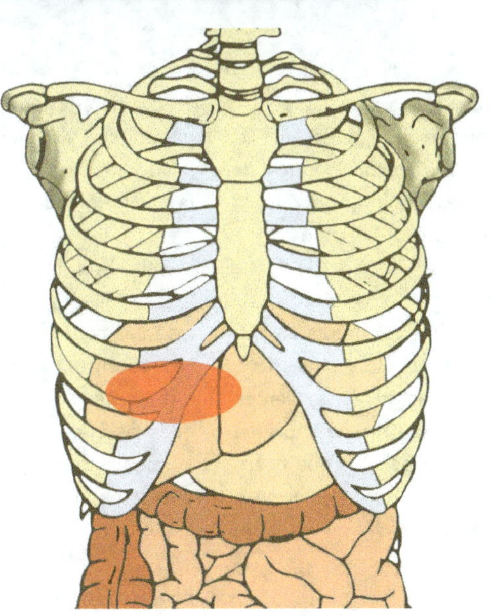

Yo encontré la fórmula para adelgazar con el tratamiento que mejora el funcionamiento de los órganos internos: un día de ayuno relajado una vez a la semana, consumiendo solo frutas, sobre todo pomelo, y sopa ligera, por ejemplo de ajo.

Durante la tarde del sábado hasta la tarde del domingo.

Estas dietas tienen la función de dar un día de descanso a los órganos digestivos y es una fórmula muy eficaz para adelgazar sin sufrir.

Presionen con el dedo pulgar alrededor del orificio del oído (la presión se realiza desde dentro hacia fuera). Presionar los puntos que se especifican en el dibujo.

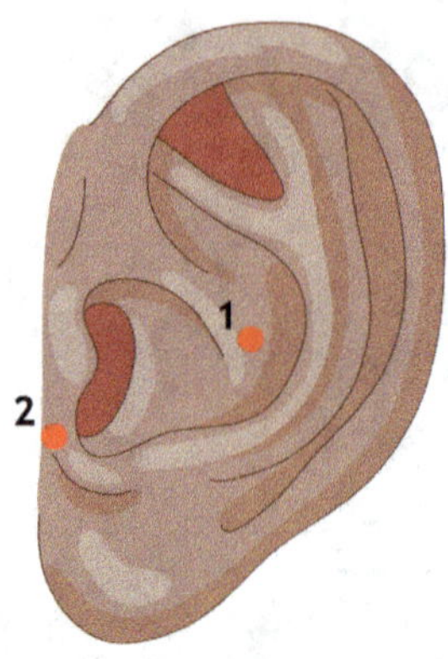


**1.** *Punto del estómago.*

**2.** *Punto del hambre.*

## La gastronomía 美食

Hace varios años, en una revista japonesa que hablaba sobre España, pude leer "Los tomates de España han recibido la gracia del sol y saben cómo aquellos tomates que en Japón dejo de haber hace mucho tiempo".

El cambio ha sido gradual, pero cuando acudo al supermercado veo frutas y verduras casi perfectas, la piel se ve inmaculada y visualmente me  resulta mucho más llamativa. Posiblemente compremos fruta por la primera impresión que nos produce al verla pero… ¿qué ocurre con el sabor de los alimentos y su valor nutricional? Está claro que eso queda en un segundo plano.

En comparativas de estudios realizados en alimentos con vitamina c analizados en la actualidad y los recogidos hace 40 años, se llegó a la conclusión que tenían la mitad de vitaminas.

La mitad de los cultivos del planeta muestra escasos niveles de micronutrientes en los suelos tales como manganeso y zinc. Dichos micronutrientes escasean por el uso excesivo de fertilizantes y pesticidas a las que son sometidas las plantas para producir más producto en menos tiempo, en otras palabras; el rendimiento excesivo degrada la calidad de los productos que consumimos.

Por otro lado, no solo son las verduras las que

sufren variaciones por su excesiva explotación, el mismo caso lo tenemos en la ganadería la cual ha sufrido un descenso en la calidad para aumentar la producción de carne y pescado.

Llegados a este punto, parece que la única solución para volver a consumir alimentos de "calidad" nutricional sería a través de la agricultura Ecológica, Orgánica o Biológica que, actualmente tiene unos precios no muy accesibles a todos los bolsillos.

Dicha agricultura se basa en la premisa de la no utilización de productos químicos de síntesis como fertilizantes, plaguicidas, antibióticos, etc., de este modo podemos consumir alimentos con todas sus propiedades al mismo tiempo que preservamos el medio ambiente.

Los alimentos cultivados de forma ecológica tienen mejor sabor y mayores nutrientes. Todo ello es fruto del trabajo con Biodiversidad; se cultivan diferentes cultivos y variedades de plantas al contrario que en la agricultura industrial que predominan los monocultivos.

Los abonos naturales y el control de plagas de forma natural, a través de la introducción de insectos beneficiosos y pájaros que comen las plagas es otra de las ventajas tanto para el producto como para el agricultor que ahora en consumo de pesticidas.

Otra alternativa muy comentada son los alimentos modificados genéticamente o transgénicos, ya que mediante este proceso podemos potenciar su resistencia a virus, reforzar el aroma, cantidad de nutrientes contenido y textura de la fruta y verdura. Aunque todo parecen ventajas no es así ya que puede ocasionar alergias e intolerancias alimentarias o afectar a la biodiversidad del país. Además, hay múltiples grupos y organizaciones entre ellos Greenpeace que están totalmente en contra de este tipo de alimentación.

Está claro que cada persona tiene su propia manera de pensar sobre la alimentación saludable y hay opiniones de todos los tipos sobre los transgénicos, ahora solo debemos decidir qué alimentación debemos o podemos seguir.

Para aumentar nuestra energía y defensas es beneficioso el consumo de jengibre, ginseng y jalea real; alimentos que no estamos tan acostumbrados a consumir en occidente y llevar una alimentación variada y sana; solo de esta manera podremos llegar a nuestra vejez sin notar el excesivo deterioro de la edad.

Parece que el tatuaje se ha puesto de moda. Hay jóvenes que, sin apenas pensárselo, se disponen a hacerse uno, tanto en Japón como en España, simplemente porque es moderno (hay jóvenes japoneses fácilmente influenciados por los surfistas hawaianos tatuados).

En Japón, antiguamente, el tatuaje fue el símbolo del yakuza (mafia japonesa); mostraron ser «habitantes del mundo oscuro de la sociedad» hiriendo su cuerpo.

También hoy en día son muy frecuentes las piscinas o gimnasios que en la entrada ruegan abstenerse a personas tatuadas. Aunque, eso sí, yo lo acepto como un arte apreciable cuando esté realizado por un profesional con experiencia.

Opino que es sorprendente el valor de las personas que se lo hacen, porque se trata de algo cuya señal prevalece durante toda la vida.

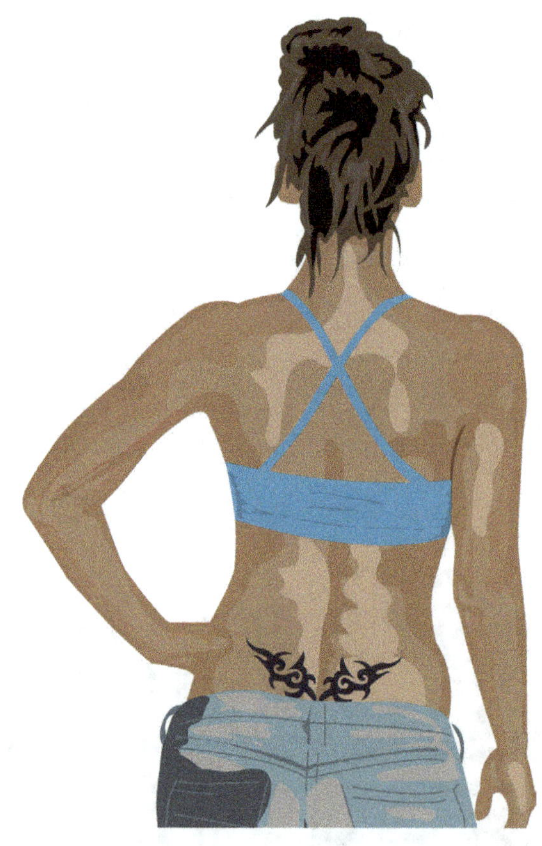

Dejando a un lado las tradiciones japonesas y dando mi opinión, según estudios de la acupuntura oriental, es que en la superficie del cuerpo humano existen fluidos de *chi* o *ki* («aire»), y estos lo recorren de forma muy organizada, siendo el estancamiento de estos fluidos la causa de las enfermedades.

Siguiendo este planteamiento, llegaremos a formular la siguiente pregunta: ¿Y si el tatuaje obstruye la corriente del chi? Obviamente causa enfermendades, y los estudiosos de la acupuntura ya han podido demostrarlo.

Del mismo modo, las cicatrices producidas por una operación de cirugía tienen el mismo efecto.

Teniendo esto en cuenta, ¿realmente merece la pena sufrir enfermedades por un capricho juvenil? Sin entrometerme en las decisiones de cada persona, creo que es preciso reflexionar antes de llevarlo a cabo.

Con mi experiencia como terapeuta me atrevo a opinar que muchas de las mujeres que se han tatuado en el lado interior de la pierna sufren desequilibrios hormonales y trastornos en el aparato genital.

Se puede decir lo mismo de los pendientes, ya que en la zona de la oreja se concentran puntos de presión que están relacionados con todo el cuerpo; en este caso, tampoco sería aconsejable agujerearlo descontroladamente.

Yo opino que mi cuerpo es un regalo de mis padres y tengo que cuidarlo, ya que posee un mecanismo muy minucioso. Como todo organismo que está en funcionamiento, parece lógico que la extracción o transformación de alguna parte de nuestro cuerpo ocasione un desarreglo.

# 28. Terapia para dolores menstruales (de la regla)

Los dolores menstruales son la tortura de muchas mujeres. Sus síntomas son distintos según cada persona: dolor de vientre, cefaleas, vómitos y mareos; también psicológicos, como la susceptibilidad, etc. El dolor también puede ser causado por un desarrollo insuficiente del útero o por la deformación del mismo.

Lo segundo es bastante frecuente en aquellas mujeres que trabajan toda su jornada de pie, como por ejemplo las azafatas o las vendedoras de un centro comercial. La mayoría de las mujeres asumen la cuestión como algo natural e irremediable; sin embargo, con un tratamiento de Shiatsu es posible mitigar este dolor.

Aunque obviamente se necesita también, como base, una rutina organizada y una alimentación nutritiva y equilibrada.

Para localizar el punto de presión, junten los cuatro dedos de la mano derecha y colóquenlos sobre el tobillo en la parte interna de la pierna. El dedo meñique quedará colocado sobre la parte más alta del tobillo. Trazamos una línea por encima de los cuatro dedos y el punto se sitúa justo encima del índice.

Esta forma de localización es un poco ambigua y solo sirve como referencia; busquen en esa zona donde puedan notar el dolor y realicen la presión.

La presión sobre este punto puede doler bastante; empiecen despacio y vayan acentuando la fuerza poco a poco. Cinco presiones se cuentan como una serie. Repitan tres veces.

Especialmente, el punto de la pierna izquierda es el que da mejor resultado (realicen la presión con más atención). Cuando hayan acabado la terapia, les recomiendo la forma de sostener la presión constante presentada en un capítulo anterior (pegar un granito de arroz sobre el punto).

La terapia tendrá su máxima eficacia si empieza el tratamiento unos cinco días antes de la regla.

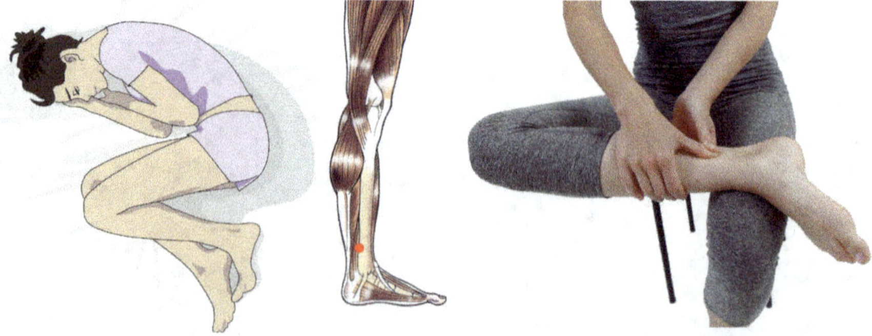

Me preguntan muchas veces si se puede recibir el tratamiento de Shiatsu durante el embarazo. Ante esta duda, yo les respondo: «No solo se puede recibir el tratamiento desde el primer día del embarazo hasta el día del parto, sino que es muy eficaz para regular la pelvis deformada y para recuperar la fuerza física después del parto».

A medida que el feto va creciendo en el interior, la mujer experimenta problemas de mala circulación en las piernas contrayendo la posibilidad de varices o edemas, sobrecarga en las lumbares (sobre todo aquellas personas que hayan tenido algún problema en esta zona) y anomalía en el apetito originado por el desequilibrio psicológico, náuseas, dolor de cabeza, etc. Habitualmente, estos síntomas son tomados como normales y las futuras madres simplemente aguantan estas molestias, puesto que saben que los tratamientos con medicamentos pueden ser perjudiciales para su salud y la del niño.

Pero si observamos a los animales, podemos darnos cuenta de que, a pesar de que es inevitable sentir ciertas cargas físicas, el embarazo no es una enfermedad y no tiene por qué significar una etapa de sufrimiento.

¿Hay algún animal que tenga dolor de cabeza o sufrimiento  sico durante el embarazo y que acuda a una consulta médica?

Ellos viven su vida habitual y alumbran a sus cachorritos también naturalmente, sin tener que recibir cursos de ejercicios para un parto cómodo o una educación prenatal poniendo música clásica para que nazca un niño prodigio.

Simplemente actúan de forma instintiva hasta el día del parto. Tal vez no fuese mala idea que aprendiéramos de ellos, para recuperar esa actitud tan natural que nosotros ya hemos perdido.

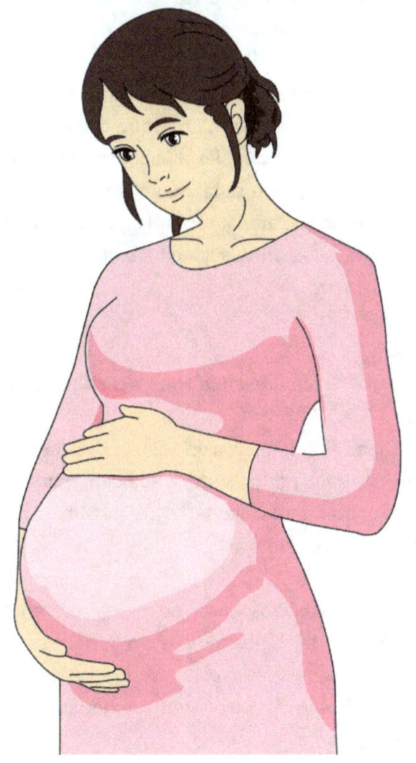

# ¿Por qué surgen irritaciones y dolor físico?

Entre todas las razones, destaca una, que es de sentido común. El hecho de que el embarazo acarree dolor físico y desequilibrios emocionales puede ser un "mito", pero la aceptacion social lo convierte en una ley y hace que esto ocurra de verdad. En segundo lugar, destaca la inquietud de la vida actual; no disponemos de tiempo para llevar la vida diaria con tranquilidad ni para reflexionar con calma.

Como ya he dicho, sería ideal pasar el período de embarazo tal y como lo hacen los animales, con normalidad y tranquilidad, pero debido a diversas razones nosotros somos incapaces de actuar de esta forma. El hecho de parir supone un gasto inmenso de energía vital para las mujeres, y normalmente dos o tres partos serían ya el límite de su capacidad física.

Para el parto se necesita del máximo esfuerzo y concentración. Luego no hay que olvidar que el dolor físico y los cambios psicológicos durante el embarazo son una señal que nos hace recordar la necesidad de atender solo el embarazo, preparándose para parir y dejando a un lado los otros quehaceres.

Es una realidad innegable que las mujeres que han experimentado el parto aparentan más edad (mujeres de cuarenta a cincuenta años de edad muestran, por ejemplo, arrugas y otros síntomas antes que las mujeres sin hijos).

Esto refleja que el exceso de carga física durante el embarazo deja secuelas en el cuerpo de la mujer. Aun conociendo este hecho, las circunstancias laborales, la atención de las tareas domésticas o cualquier otro quehacer que requiera esfuerzo físico leve o moderado no permite a las mujeres cuidarse lo suficiente.

¿Cómo afrontar este dilema?

Vamos a intentar recuperar esa sensibilidad natural e instintiva aplicando unas cuantas ideas de la técnica autoshiatsu aprovechando la situación de embarazo.

### 1. Para la tensión en la zona del cuello y de los hombros

Realizar el tratamiento de Shiatsu directamente en esta zona podría ser una solución, pero esta vez aplicaremos una serie de movimientos y ejercicios relajantes.

Estiren los brazos hacia delante y crucen los dedos de las manos mostrando la palma hacia fuera. Manteniendo esta postura, estiren los brazos (como si alguien le tirase de las manos) hacia delante.

Manteniendo los brazos rectos y estirados, empujen hacia la espalda y realicen movimientos circulares con los hombros. En este ejercicio el omóplato debe moverse hacia delante y hacia atrás. Repitan veinte veces el movimiento.

El siguiente ejercicio consiste en utilizar los movimientos de los hombros para realizar giros con los brazos y con los omóplatos. Realicen una serie de veinte giros y repitanlo dos veces.

El movimiento empieza con giros pequeños y se van ampliando poco a poco.

A las personas que habitualmente sufren tensión y molestia en esta zona, puede que estos ejercicios les provoquen cierto dolor en las primeras sesiones. A pesar de ello, les recomiendo continuar con esta actividad todos los días. Si les cuesta mucho esfuerzo, pueden hacerlos más despacio o marcar intervalos para descansar en mitad del ejercicio.

Con este ejercicio se moviliza la zona superior de la espalda tonificando el sistema respiratorio.

### 2. Para la retención de líquidos

El hinchazón es uno de los síntomas más comunes en las personas embarazadas. Voy a mostrarles el punto más conocido para solucionar este problema.

Sentadas en el suelo y con las piernas estiradas hacia delante, abran una pierna y luego flexiónenla hacia dentro. Con esta postura, imagínense dos líneas rectas: una que va desde el punto central del hueso del tobillo hasta el arco plantar y otra que sale del borde de la uña del dedo pulgar hacia el tendón de aquiles.

Basándose en el ángulo que han formado las dos rectas, describan un triángulo que tenga los lados de tres centímetros. Este triángulo es la zona donde se encuentra el mencionado punto. Notarán que en esta zona hay una parte que sobresale, un bulto de unos tres milímetros aproximadamente; presionen este punto con fuerza durante cinco segundos.

Diez presiones son una serie. Repitan tres series. Al final del tratamiento, giren el tobillo: veinte veces hacia la derecha y otras veinte hacia la izquierda, y repítanlo nuevamente. Luego harán lo mismo con el otro pie. Es importante realizar el tratamiento tres veces al día (por la mañana, al mediodía y por la noche) y, sobre todo, con cierta continuidad.

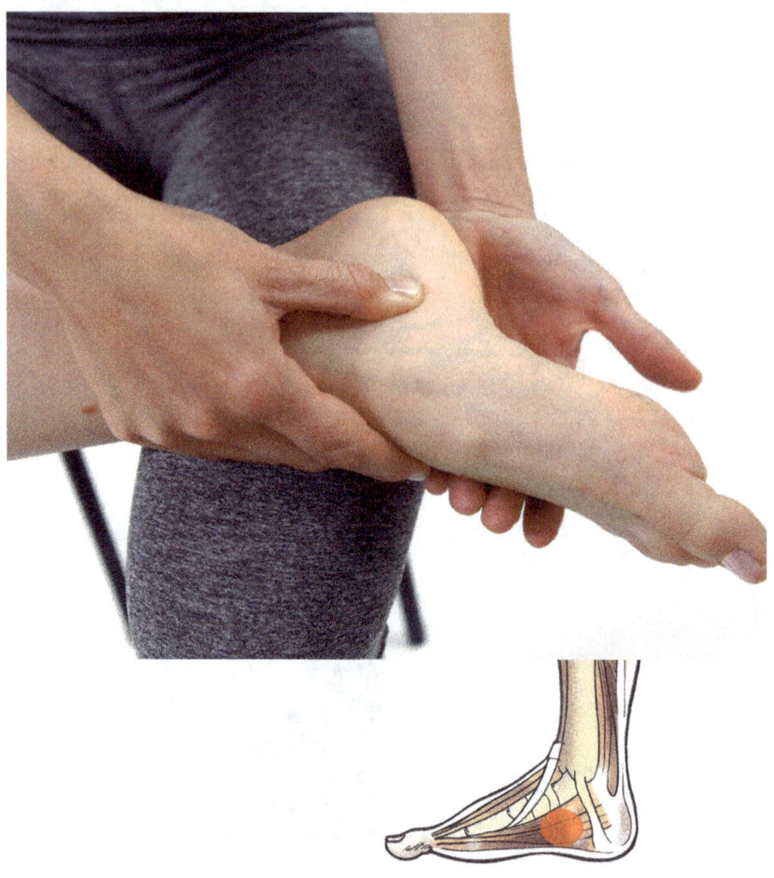

### 3. Para náuseas o sensación de vómito

Habitualmente los síntomas de náuseas y los vómitos se producen en la primera etapa del embarazo provocados por alimentos que tienen olores fuertes o por un estado mental tenso.

El sistema que regula estas sensaciones de náuseas y los vómitos se encuentra en el bulbo raquídeo, en la nuca; como referencia, donde el torero clava la puntilla final en una corrida de toros.

El Shiatsu en esta zona se da de la siguiente forma: coloquen las manos con los pulgares hacia abajo, en la nuca. Presionen el hueco utilizando los dedos medio y anular de las manos. En el momento de presionar, echen la cabeza hacia atrás y respiren con tranquilidad. Una serie serán tres presiones de cinco a diez segundos y se repetirán tres veces marcando un intervalo entre una y otra. Una vez finalizado el tratamiento, coloquen los pulgares en los bordes del hueco occipital, y desde ahí son cinco puntos a presionar hasta llegar a la oreja. Estos cinco puntos están dispuestos de forma que al unirlos con una línea describen una media luna. Se realiza la presión echando la cabeza hacia atrás, así penetra más en los puntos y las náuseas irán desapareciendo.

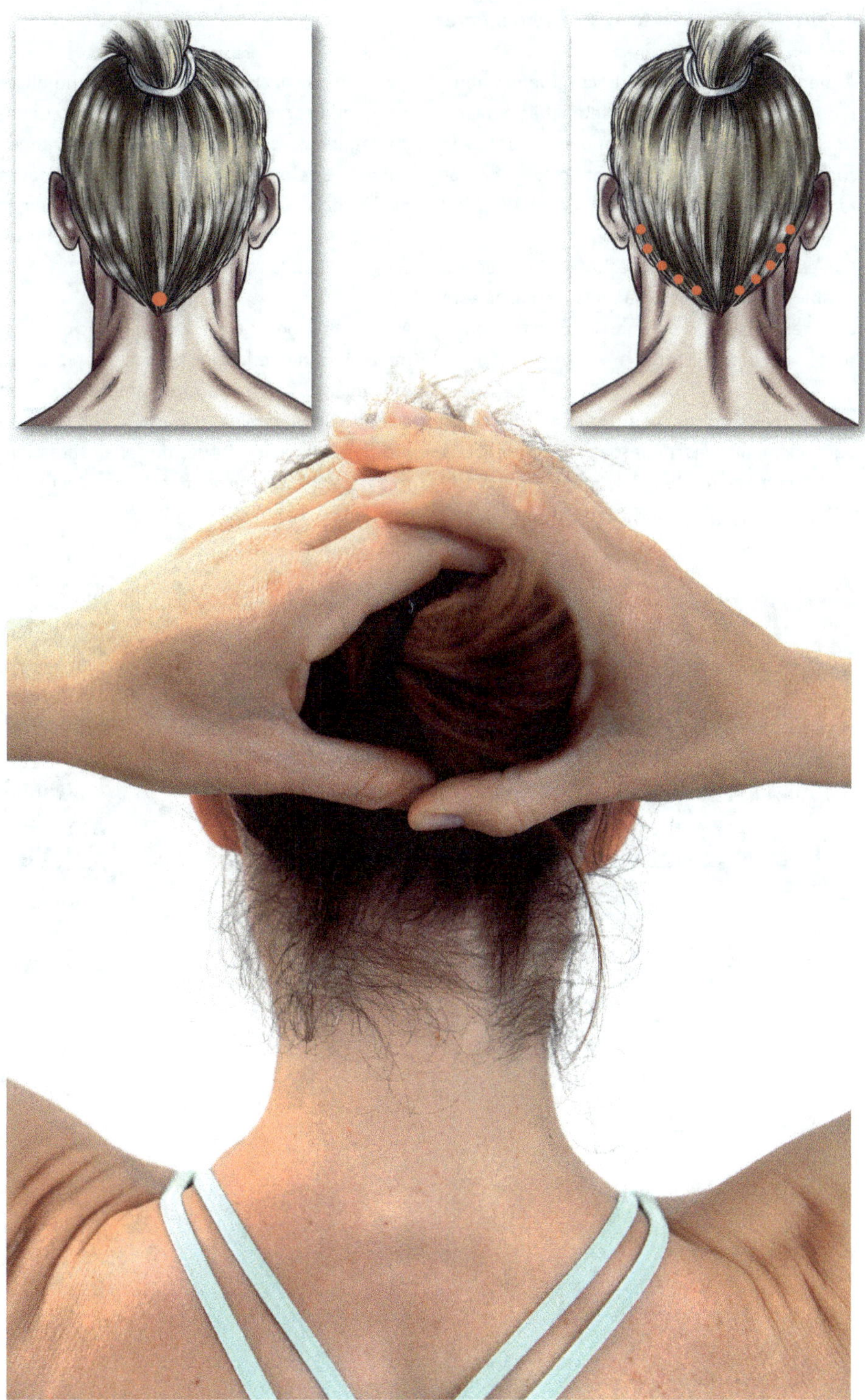

## 4. Para el dolor y sobrecarga en las lumbares

A medida que el vientre se va haciendo abultado, tira de la columna vertebral hacia delante para soportar el peso. También el sacro y la zona de la cadera se van relajando como preparación para el parto.

Por este motivo hay molestias y dolor en las lumbares. Una de las maneras de paliar este dolor es el empleo de una cinta elástica en la parte superior del sacro.

Ahora realizaremos una serie de ejercicios para disminuir las molestias; túmbese boca arriba con las rodillas flexionadas. Mueva la zona lumbar hacia abajo, de modo que el sacro quede totalmente pegado al suelo. Cuando lleguemos a esa posición, la mantenemos durante dos o tres segundos (es importante mantenerla durante cierto tiempo, así que nos esforzaremos en mantener ese estiramiento). Luego relajen la zona lentamente.

A continuación, y en la misma posición, estiramos la zona de la cadera hacia los pies; este movimiento se realiza alternativamente (con cuidado de no mover las piernas, solo moveremos las caderas). Después de cada estiramiento, relajamos la zona de manera pausada.

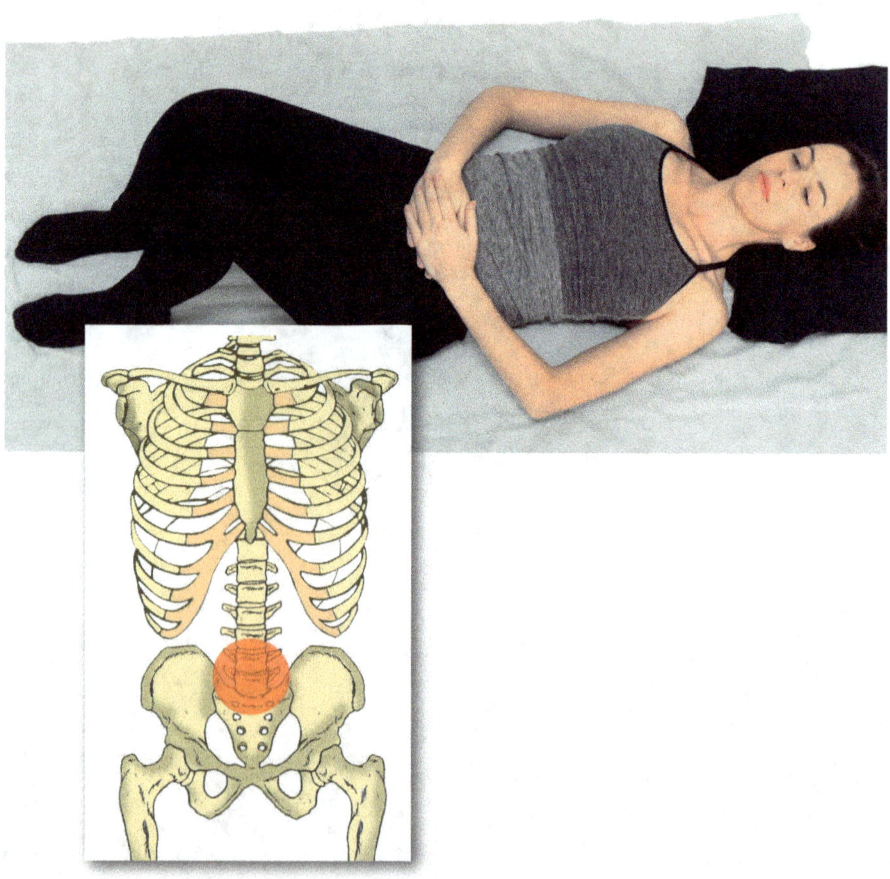

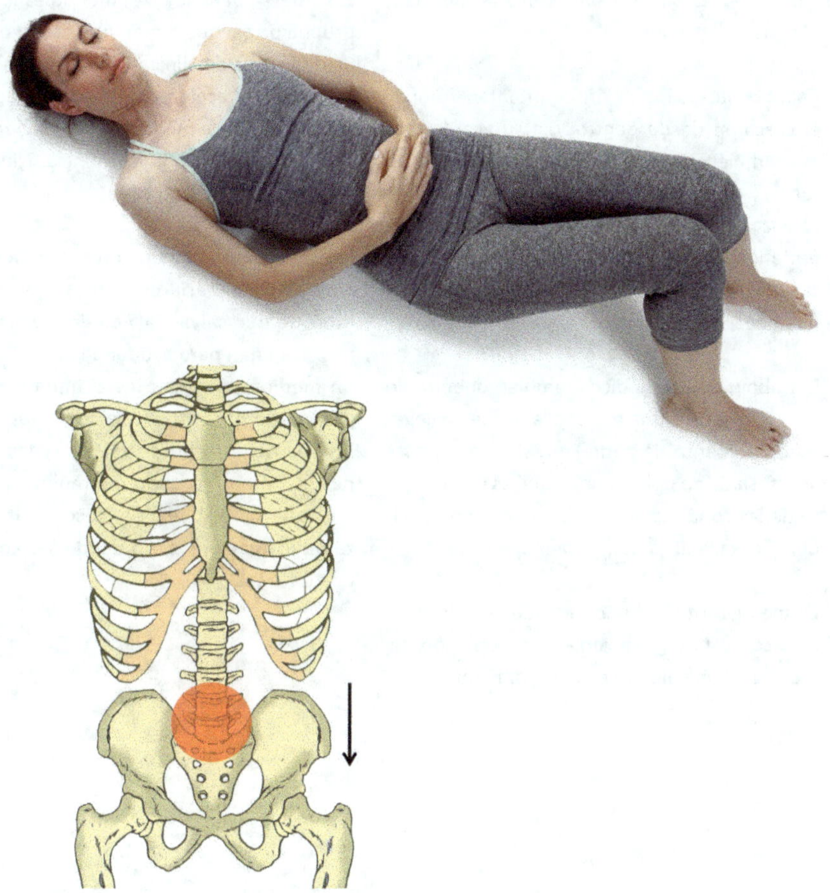

## La irresponsabilidad de los médicos  西洋医

**M**uchas veces trato a mujeres embarazadas, y con cada tratamiento semanal puedo observar cómo va cambiando el ritmo de su respiración, volviéndose cada vez más profunda y calmada. Y ya me han informado de que estas pacientes han tenido un bebé sano y un parto poco doloroso, sin complicaciones. Con el tratamiento Shiatsu se aprende a respirar.

Cuando una persona se encuentra enferma, la respiración inconscientemente se acelera, y viceversa, las personas saludables respiran lenta y profundamente.

El Shiatsu despierta las funciones instintivas del cuerpo y es de gran ayuda en el momento del parto.

Hace unos días, una de mis pacientes embarazadas me contaba que estaba furiosa porque su médico había insistido en ponerle anestesia en el parto. Esta mujer, que no es primeriza y que dio a luz sin problemas, ha rechazado la propuesta.

131

Fue entonces cuando su médico la miró con cara de indignación.

Cuando nacen los pajaritos intentan romper el cascarón desde dentro y, a su vez, la madre también les ayuda dando picotazos desde fuera, y ésta no se equivoca ni un milímetro al localizar la zona del huevo por donde está intentando salir su cría. Este es un acto primitivo, tanto la madre como la cría saben lo que hay que hacer de manera instintiva.

El trabajo de los médicos también debería de ser así: ayudar a una mujer a la que le ha llegado el momento de parir. Pero si la mujer está anestesiada no puede saber cuál es el momento de las contracciones ni el médico podrá saber al detalle el estado de la mujer.

La mejor forma de parir es que la madre, el médico y el bebé trabajen a la vez, uniendo sus fuerzas en un solo fin: el alumbramiento.

El esfuerzo para llegar al mundo es la primera prueba por la que tienen que pasar los bebés. Se dan casos de clínicas que inyectan medicamentos para acelerar el parto y así poder irse de vacaciones, o médicos que recurren a la cesárea con demasiada frecuencia. Ninguno de estos partos son naturales.

Los médicos tienen una profesión honorable. Su trabajo debería estar muy bien remunerado, ya que salvan la vida de muchas personas. Trabajan para ayudar a la gente. Para mí, un médico de verdad es el que dice: «Estoy preparado para atender a cualquier paciente las veinticuatro horas del día, y las vacaciones las tomaré cuando me muera». También creo que saben que un médico, sin la confianza de los pacientes, no puede ser considerado como tal.

# 30. Un ejercicio para mejorar la salud 健康

Existe una relación innegable entre el movimiento del cuerpo y la salud. Una parte de este movimiento lo forma la respiración y nos estamos olvidando de esta función básica con los ritmos vertiginosos de la vida.

Saber respirar, lejos de lo que todos pensamos hoy en día es casi considerado un arte, ya que muy pocas personas lo realizan correctamente.

La respiración pectoral usa los músculos situados entre las costillas para distender la parte superior de la caja torácica. Eso quiere decir que deberíamos respirar un mínimo de tres veces para conseguir la misma cantidad de aire que conseguiríamos con una respiración realizada con el diafragma.

Las mujeres incluso tienen tendencia a una respiración clavicular superficial ya que suelen llevar prendas que comprimen la zona del abdomen que evita que la respiración se realice desde la caja torácica.

Si nuestra respiración fuera correcta podríamos reducir el número de inspiraciones y espiraciones por minuto aumentando el rendimiento respiratorio y reduciendo el esfuerzo cardíaco.

La forma más adecuada para realizar el ejercicio de respiración en erguido, ya que la circulación de la sangre llega a todas las zonas de nuestro cuerpo y con los pies a la altura de los hombros.

Primero, inspiren lenta y profundamente. Mientras el pulmón se va llenando, hagan fuerza con el ano, cerrándolo. Luego, expulsen el aire, también lentamente, y vayan relajando la fuerza. Repitan el ejercicio diez veces. Durante

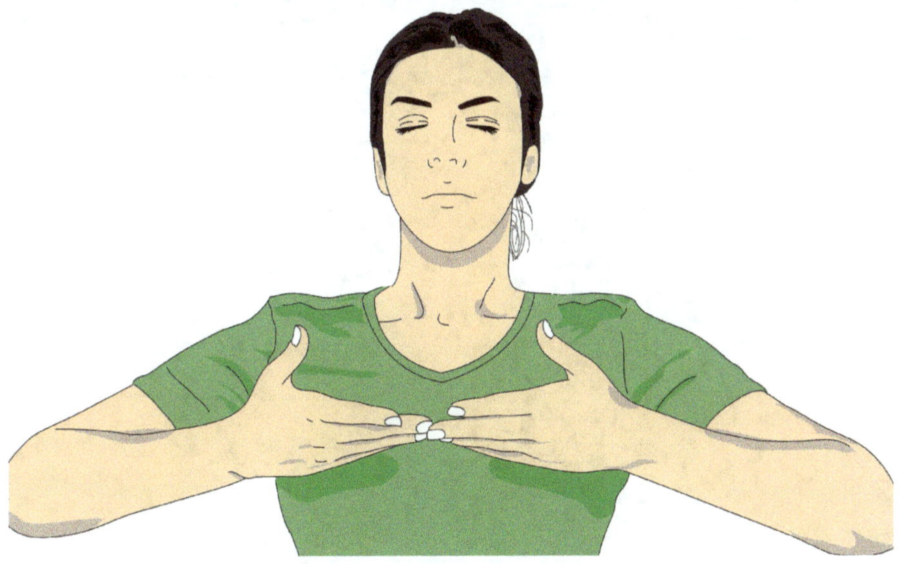

el ejercicio imagínense cómo se va quemando la grasa en la zona del sacro.

Es un ejercicio para estimular la circulación de la sangre en la zona del sacro.

Este hueso protege órganos muy importantes, tanto para hombres como mujeres: los órganos genitales y evacuatorios.

En los hombres, el ejercicio beneficiará el funcionamiento de la próstata, y en las mujeres ayudará a expulsar la acumulación de sangre antigua.

La tensión en el ano incrementa la capacidad de concentración; al realizarlo, notará cómo la energía interna del cuerpo se despierta y se difunde por todo el cuerpo.

Si realiza el ejercicio antes de acostarse, favorece la bajada de la sangre hacia la parte inferior del cuerpo, calentando así los pies y permitiendo un sueño agradable; más aún, si lo realizan por la mañana antes de levantarse de la cama, el ejercicio estimula el cerebro y disminuye la pereza.

El ano y la respiración tienen una relación muy estrecha. Cuando carezcan de concentración y noten que la respiración se debilita, realicen este ejercicio.

Si llegasen a convertir esta actividad en un hábito más que en un ejercicio, sería ideal.

Realicémoslo dos o tres veces diariamente. También es idóneo para síntomas de impotencia debido a problemas mentales y para la frigidez.

De las enfermedades relacionadas con el ano, las más frecuentes son las almorranas. Las hemorroides se originan cuando un conjunto de venas muy finas de la zona se inflama al estar sometidas a presión.

En estos casos el dolor se produce en momentos tales como después de defecar, al permanecer sentado durante mucho tiempo (en el trabajo, conduciendo) o por enfriamiento del cuerpo con el aire acondicionado. Es decir, el dolor se produce con la constricción de las venas.

Es muy frecuente el dolor causado por enfriamiento, sobre todo en verano con la bajada brusca de temperatura por la noche, la falta de ropa y el aire acondicionado.

El punto de presión más destacado para las hemorroides es el llamado *Hyakue*, que se sitúa en la coronilla. Para localizarlo, peguen las orejas a la cabeza e imagínense una línea que une la parte más alta de las dos orejas, allí donde se cruza dicha línea, y el eje de simetría de la cara es donde localizamos el punto de presión.

El punto se encuentra por detrás de lo que es la parte más alta de la cabeza.

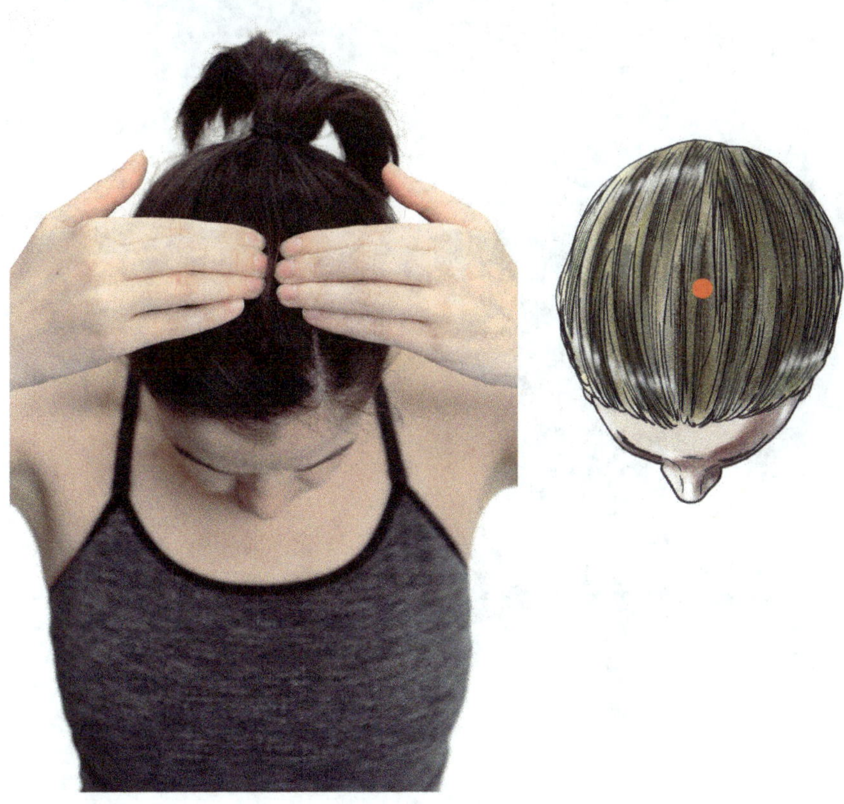

En aquellas personas que tengan la circulación sanguínea obstruida en la zona del ano, este punto se encuentra ablandado; de modo que es fácil de localizar.

Empleen los cuatro dedos ambas manos, colóquenlos sobre el punto de manera perpendicular y presionen hacia abajo. Para este punto se utiliza una presión fuerte. Su duración es de siete a ocho segundos, luego relajen unos segundos y presionen otra vez. En su totalidad, las presiones durarán unos tres minutos. Si continúan el tratamiento Shiatsu a diario, notarán cómo esa zona ablandada se va poniendo firme y mostrará más resistencia a la presión.

Este punto también se utiliza frecuentemente para tratar dolores agudos en la zona lumbar.

A l alcanzar cierta edad, el cuerpo empieza a tener fallos. Hace poco, una mujer mayor me contaba, bromeando, que se le había aflojado el esfínter y al estornudar tenía incontinencia.

No solo en el caso de las mujeres, también a los hombres les falla a veces y el propio acto de evacuar tampoco es tan abundante como lo fue en su juventud. Estos son los síntomas que nos hacen recordar la edad que realmente tenemos.

### 1. ¿Cuál es el punto que soluciona estos síntomas?

Se llaman abductores a los músculos que se utilizan para cerrar las piernas. Esta masa muscular se encuentra en la zona interior de los muslos; va desde donde empieza el muslo hasta la altura de las rodillas.

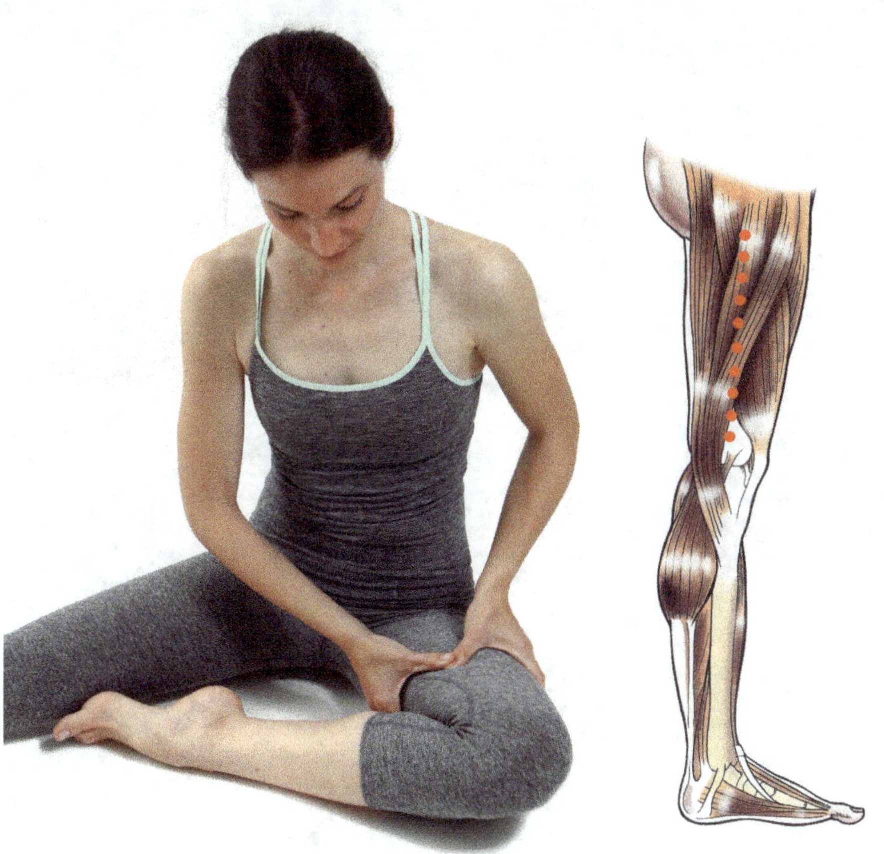

Al fortalecer estos músculos, se solucionarán los problemas como la incontinencia, la sensación de retener orina, la poca fuerza de evacuación, etc., en fin, síntomas de los que la gente siente pudor al hablar.

Sentados en una silla, abran una pierna para poder ver la zona interna del muslo. Podrán localizar un tendón que va desde la raíz del muslo hasta la rodilla. Partiendo desde la ingle situamos unos diez puntos hasta la rodilla. Presionen, primero emplean do la palma de la mano y después con los pulgares, abrazando el muslo con los demás dedos.

En este caso, fijen bien la posición de los meñiques. La presión se realiza, en ambos casos, respirando tranquilamente. La presión sobre los diez puntos se cuenta como una serie. Realícenlo tres veces en cada pierna. Dediquen más tiempo a la pierna que parezca menos flexible al abrirla.

Este tipo de problemas es muy común en aquellas personas que sienten permanentemente frío en la parte inferior del cuerpo.

Les aconsejo tomar un baño caliente sumergiéndose solo hasta las lumbares, solucionando así el enfriamiento de la parte inferior del cuerpo y, sobre todo, estimulando la circulación sanguínea en la zona del sacro.

### 2. Hay otro ejercicio para este problema

Aunque principalmente es un ejercicio que se practica para reequilibrar el sacro tras el parto, se puede aplicar también en este caso. Túmbense boca arriba doblando las rodillas.

Coloquen cualquier cosa que tengan a mano, por ejemplo una guía telefónica o una almohada entre las rodillas. Respiren despacio y concentren la fuerza en el músculo esfínter del ano. Luego hagan fuerza con los músculos abductores en la zona interna de los muslos y cierren las rodillas con intención de unirlas.

Cuando hayan acabado de echar el aire, permanezcan unos dos segundos sin soltar la fuerza y relajen. Luego, cuando tomen aire, vayan relajando las rodillas poco a poco.

Tres repeticiones cuentan como una serie. Repitan tres series.

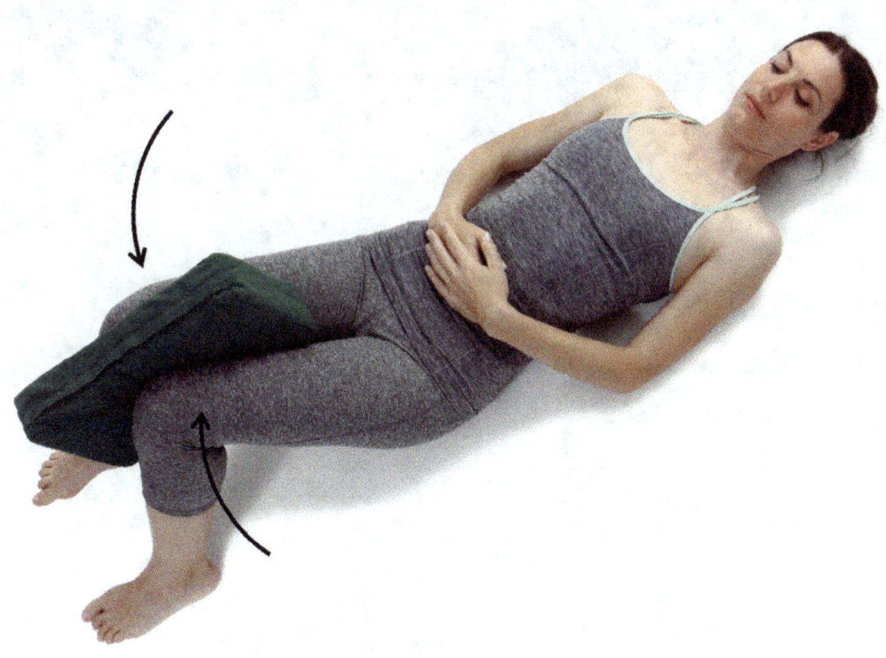

A mí me entran ganas de evacuar después del desayuno; los días que no tengo esa sensación, igualmente me siento y repaso los quehaceres del día. Es el tiempo más privado de la mañana y una costumbre que ya llevo practicando durante quince años.

El problema de estreñimiento se soluciona con esta costumbre. Sin embargo, la falta de tiempo de hoy en día nos impiden llevar a cabo este hábito.

La sobrecarga social supone, además, una carga mental inmensa que provoca la inestabilidad en los nervios autónomos y causa el estreñimiento. El estreñimiento acarrea muchas molestias, como irritaciones y otros problemas físicos.

Túmbense boca arriba. Al palpar con la mano,

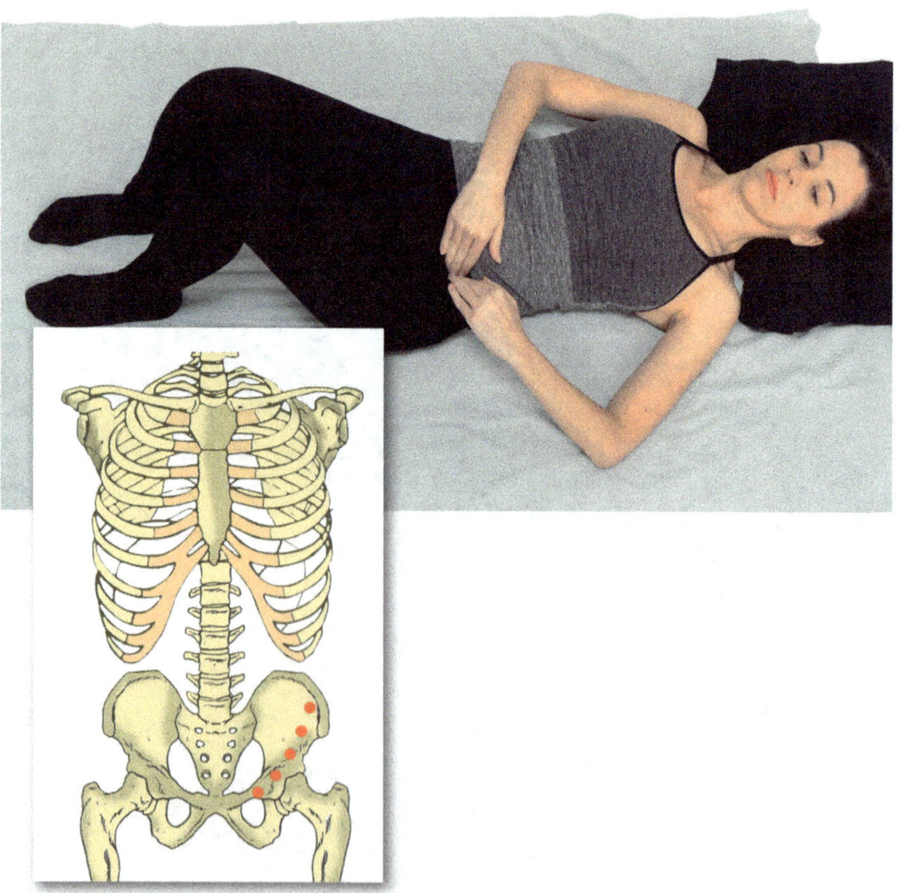

desde el ombligo hacia fuera en el abdomen, nos encontramos con un hueso que sobresale: se le denomina espina ilíaca anterosuperior de la cadera.

Localizaremos el primer punto de presión a unos dos o tres centímeros a la izquierda de este punto que sobresale y situaremos cuatro puntos más hasta llegar a la altura del pubis.

Por debajo se encuentra el colon sigmoideo, la parte del intestino que se infla al tener síntomas de estreñimiento.

Presionen esta zona en sentido diagonal empleando los cuatro dedos de ambas manos, desde arriba hacia abajo.

Si no se pueden presionar esta parte por tenerla muy tensa, doblen la pierna izquierda siguiendo la curva que tiene el colon sigmoideo. Esta postura tiene la función de relajar la zona. Hay muchas personas que duermen con las piernas flexionadas. Si tienen la pierna derecha doblada, significa relajación del cuerpo; si tienen la pierna izquierna doblada, puede indicar que la persona tiene problemas de estreñimiento.

Presionen los cinco puntos indicados en el pá-

rrafo anterior, empleando los cuatro dedos de ambas manos. La presión sobre los cinco puntos se cuentan como una serie. Repitan tres series.

Seguidamente flexionen la pierna derecha y abriéndola hagan un estiramiento. Mantengan la posición durante dos o tres segundos y relajen la fuerza. Cuenten tres respiraciones y repitan el ejercicio.

Les recomiendo este ejercicio antes de dormir y cuando hayan finalizado la sesión tomen un vaso de agua.

En Japón, el Hachimaki (la «cinta ceñida») se pone cuando uno necesita la máxima concentracion: en los estudios, en una competicion de atletismo, etc. Los antiguos guerreros japoneses, los samuráis combatían con *Hachimaki*.

Cuando una persona está cansada, su musculatura se relaja y esto se traduce en una pérdida de concentración. En ese momento, el cerebro detecta la falta de oxígeno y comenzamos a bostezar.

La estatura de una persona cambia ligeramente durante el día. Por la noche, es menor, ya que el cansancio del día distiende los tendones; por consiguiente, el cuerpo es afectado directamente, sin la resistencia de los músculos, por la gravedad de la tierra. Por la mañana, al recuperarse del cansancio durante la noche, los tendones recuperan su tono y su resistencia.

La costumbre del *Hachimaki* es un legado de nuestros ancestros para evitar el decaimiento, tanto físico como psíquico, que nos ayuda a «llevar las cosas de forma concentrada y a obtener un mayor rendimiento».

Al distendirse la articulación sacroilíaca que une las lumbares y el sacro, ya sea por exceso de carga, trabajar de pie, por el parto, etc., el cuerpo se desequilibra provocando dolor en la zona. En estos casos, podemos hacer un *Hachimaki* de cintura. Es decir, ceñirnos la parte inferior de las lumbares, justo por encima del hueso de la cadera. Notarán cómo las lumbares recuperan su estabilidad y se alivia el dolor.

# 34. Shiatsu en los pies 足

Se dice que la forma ideal de dividir las veinticuatro horas del día es ocho horas de trabajo, ocho horas de sueño y ocho horas de ocio. Si atendemos a esta división, salvo en el segundo caso, pasamos la vida calzados.

Como la suma de estos días son nuestra vida, se puede decir que pasamos la mayor parte de nuestra vida calzados.

Los dedos de los pies son muchísimo más torpes que los de las manos, ya que no los utilizamos apenas en los quehaceres cotidianos. Esto quiere decir que los pies no están acostumbrados a recibir órdenes procedentes del cerebro; por este motivo son muchas las personas que tienen las articulaciones de los pies rígidas e inmóviles.

El peso del cuerpo es sostenido por las extremidades inferiores, así cualquier problema en la articulación del tobillo y en los pies se va a transmitir por medio de las articulaciones al resto del cuerpo.

Por ello es importante mantener los pies flexibles y con un buen riego sanguíneo. Con los ejercicios para los pies, al mejorar la circulación hacia la parte inferior del cuerpo, se consigue relajar la mente. También son recomendables para evitar el enfriamiento de los pies.

Entre los ejercicios para los pies, los más importantes son: separar los dedos y las rotaciones del tobillo.

### 1. Ejercicio de los dedos

Transmitan las siguientes órdenes a los dedos:

**1.**

Abrir-cerrar, subir-bajar, moverlos de derecha-izquierda (girar).

**2.**

Cerrar-abrir, bajar-subir, moverlos de izquierda-derecha (girar).



*Se incrementa la eficacia si realizan la rotación del tobillo sumándole el estiramiento de la parte dorsal.*

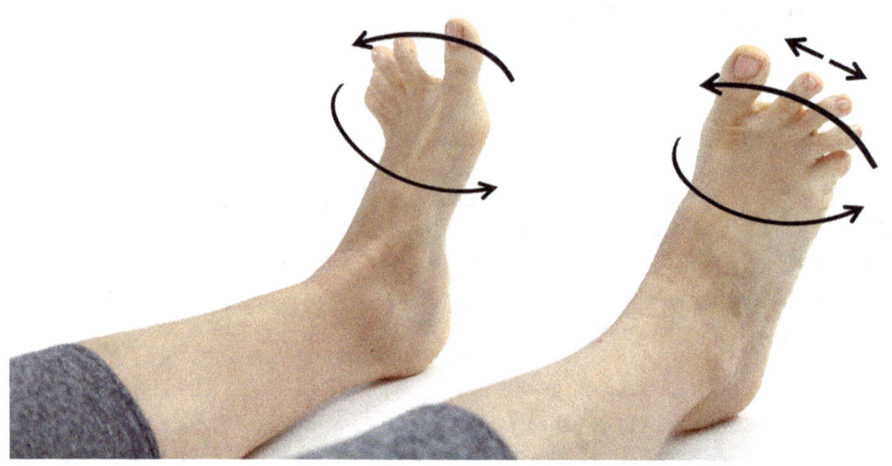

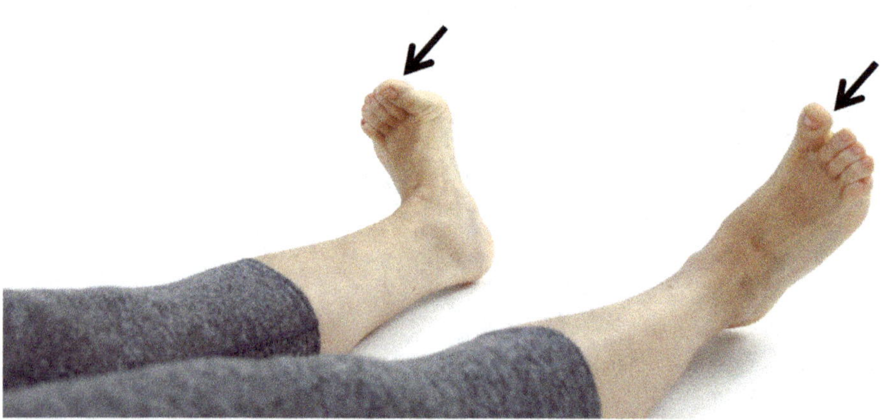

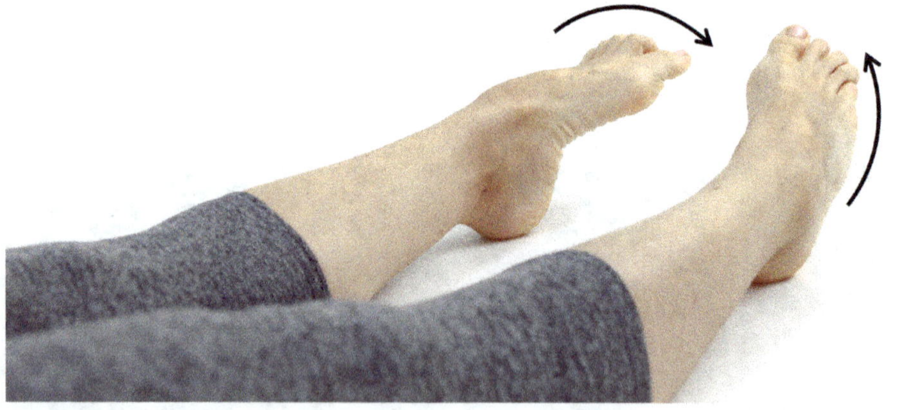

## 2. Ejercicio del tobillo

*1.* |||||||||||||||||||||||||||||||||||||||||||||||||||||

Realicen, con los dos pies a la vez, diez rotaciones de tobillos hacia la derecha, y viceversa.

*2.* |||||||||||||||||||||||||||||||||||||||||||||||||||||||

El siguiente ejercicio consiste en realizar diez rotaciones hacia la derecha con un pie y con el otro, hacia la izquierda.

*3.* |||||||||||||||||||||||||||||||||||||||||||||||||||||

Ahora cruzen las piernas y coloquen el pie sobre la rodilla de la otra pierna. Sujeten el tobillo con una mano para que no se mueva y con la otra, fuercen la rotación: diez rotaciones a cada lado. Cuando finalicen, continúen con el otro pie.

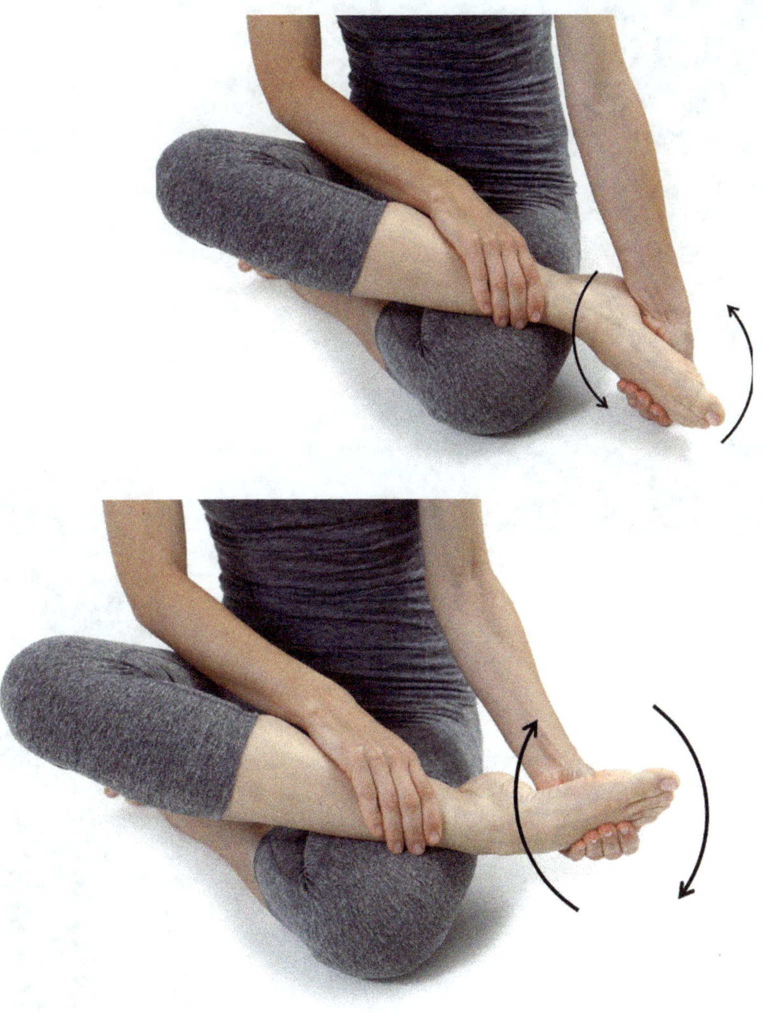

### 3. Ejercicio para el primer dedo (dedo pulgar) del pie

Son cada vez más las personas con juanetes que les acarrean, sin excepciones, dolencias en la espalda, problemas en la columna vertebral y en las mujeres desajustes hormonales, al no poder apoyar todo el peso del cuerpo en el dedo pulgar del pie.

Para prevenir y evitar estas dolencias les recomiendo el siguiente ejercicio: sujeten con la mano el dedo pulgar del pie y fuercen la rotación describiendo un círculo.

A continuación estiramos el dedo pulgar hacia fuera. Puede que les duela un poco, en ese caso realicen el ejercicio más despacio midiendo el límite. También es aconsejable el ejercicio que consiste en concentrar la fuerza en el dedo pulgar para que este se abra hacia fuera.

Los juanetes, habitualmente, están causados por una deformación de la pelvis.

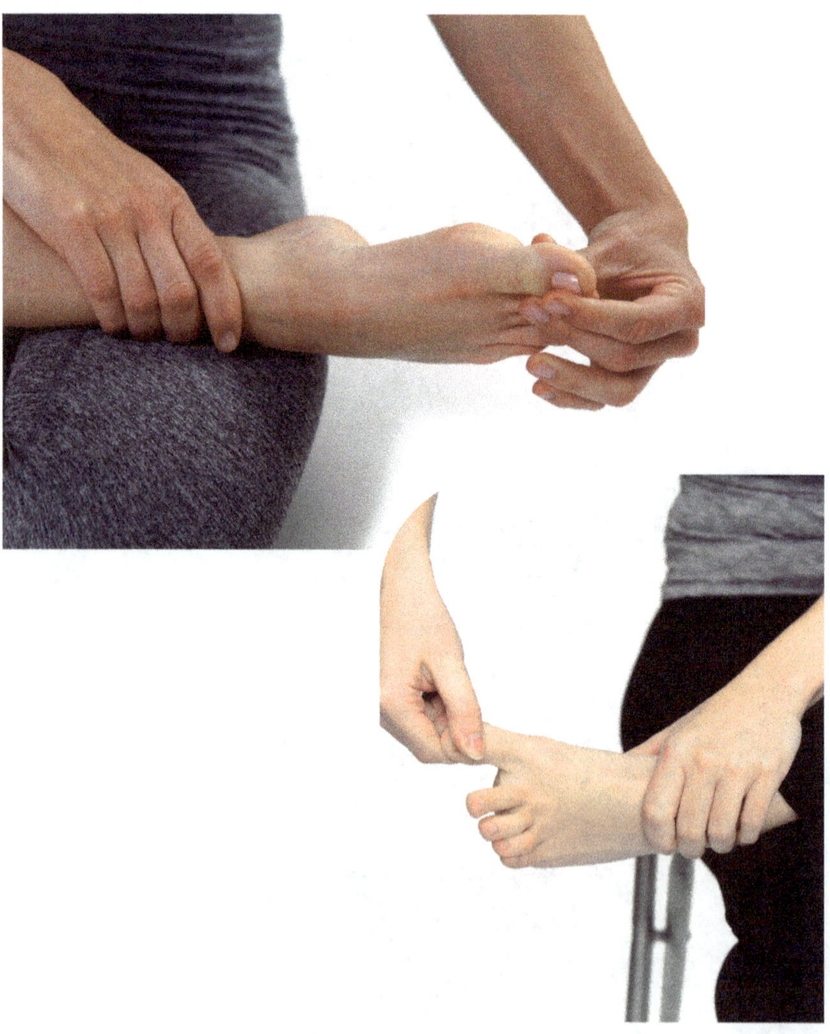

# 35. Los pies cansados e hinchados 疲労



En trabajos que exigen estar de pie, como dependientes, agentes comerciales o cualquier trabajo del hogar provoca cansancio e hinchazón en los pies que conlleva, a su vez, el peligro de una ciática.

Estos problemas se van acumulando día tras día. Para evitarlo les enseñaré, por una parte, el Shiatsu para realizar antes de acostarse y, por otra, unos ejercicios que pueden realizar cuando sientan los pies cansados.

El cansancio de los pies surge cuando la capacidad de resistencia muscular de la zona es baja.

Antes de comenzar con los ejercicios, les recomendaría una costumbre muy sana: caminar, en su tiempo libre, unos dos o tres kilómetros a la semana.

Se dice que la primera zona donde se nota el paso de los años es en los pies. Por ello es importante mantener los músculos de los pies sanos y jóvenes.

## 1.

Hay un punto de presión conocido por el nombre de «el punto de *Sanri*» (*San* en japonés, significa «tres», y *Ri* es la unidad de longitud en el antiguo Japón).

Cada *Ri* equivale a cuatro kilómetros, luego el significado de *Sanri* es doce kilómetros.

Los viajeros de aquella época tenían como único medio de transporte sus propios pies, descansaban tras caminar doce kilómetros y se presionaban este punto para continuar su trayecto; de ahí recibe el nombre de «el punto tres, *Ri*». Este es uno de los puntos básicos del Shiatsu: relaja los pies, previene el debilitamiento de los órganos digestivos y evita las enfermedades crónicas.

El *Sanri* se sitúa tres dedos por debajo del origen del músculo tibial anterior. Para su localización, siéntense en una silla y cubran la rodilla con la palma de la mano. Desplacen ligeramente la mano hacia la izquierda y hagan movimientos en los dedos de los pies, sentirán en las puntas del dedo anular y el dedo medio de la mano un músculo que se mueve de acuerdo con el movimiento de los pies.

Este es «el punto *Sanri*». ¿Les parece complicado? no teman, lo encontrarán, ya que el punto produce un dolor agudo al presionar.

El tratamiento se realiza con tres presiones de cinco o diez segundos de duración. Al mismo tiempo que notan la relajación en los pies, puede que noten alguna señal de actividad en el estómago.

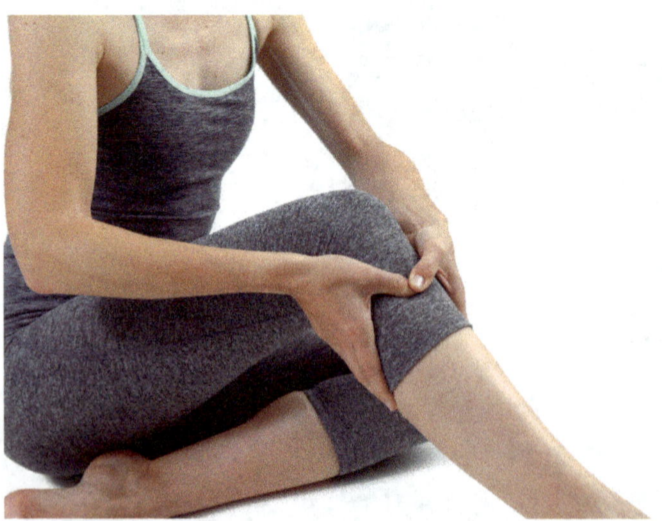

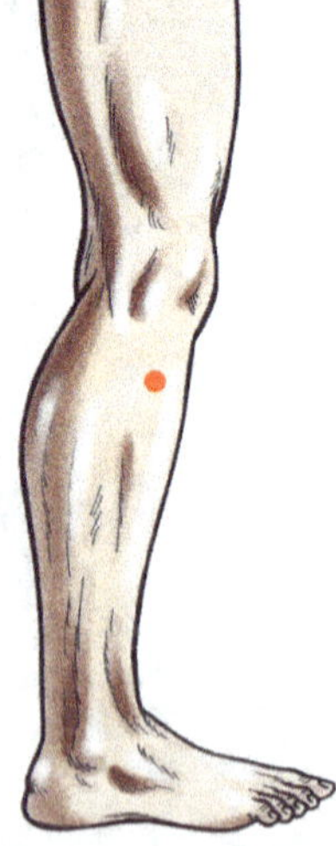

El segundo punto para el cansancio de los pies es el llamado «punto del manantial» y es una solución definitiva para estos síntomas. Como su nombre indica, al presionar este punto sentirán cómo la energía vital se expande por todo su cuerpo.

Corresponde con el primer punto del meridiano de riñón.

Crucen las piernas colocando el dorso del pie sobre la rodilla de la pierna contraria para poder ver la planta de su pie. Doblen los dedos del pie y agarren el empeine del pie con la mano y apriétenlo fuerte. Aparecerá una arruga en sentido longitudinal en la planta del pie y el centro es «el punto del manantial».

Presionen con tiempo, unos diez segundos. Tres presiones se cuentan como una serie. Repitan tres series. Al mismo tiempo realicen rotaciones con el tobillo, diez en cada sentido de esta maniobra incrementará su eficacia.

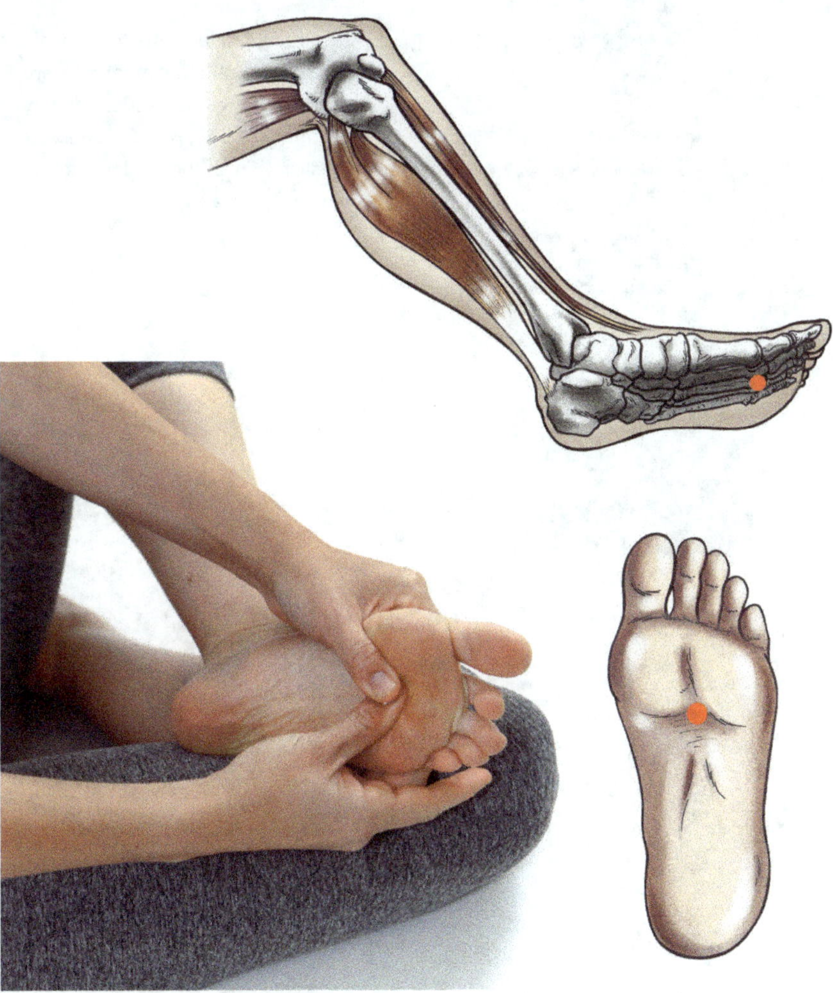

# Ejercicios para hacer una pausa cuando se trabaja de pie

### 1. Pónganse de pie y lleven las dos manos a la espalda

La palma de la mano tocando la zona de los riñones y con la punta de los dedos mirando hacia abajo y tocando las lumbares.

Permanezcan durante unos tres minutos en esa posición hasta notar el calor de la mano.

Ahora coloquen los pulgares a ambos lados de la columna vertebral y los demás dedos sobre los costados. Presionen con los pulgares la zona lumbar desde la primera vértebra lumbar hasta la quinta.

Dividan la zona en cinco puntos, correspondiendo un punto por cada una de las vértebras.

Presionen desde arriba hacia abajo, expulsando el aire simultáneamente. La presión en los cinco puntos es una serie. Repitan tres veces. Del mismo modo, realicen Shiatsu en los lados del sacro. En este caso, los puntos se distribuyen en cuatro a cada lado.

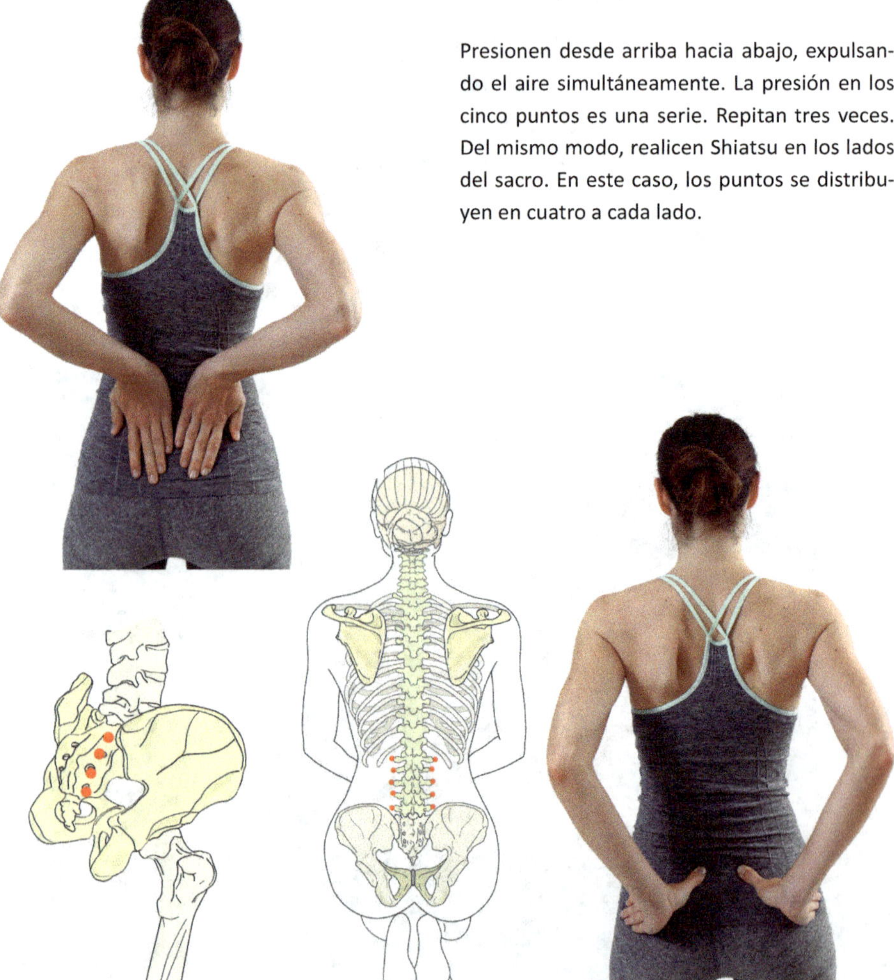

## *2. Doblar las rodillas*

Con la planta de los pies bien pegadas al suelo, coloquen las manos sobre las rodillas y vayan bajando el cuerpo despacio manteniendo la espalda lo más recta posible.

Mantengan las rodillas juntas y, al mismo tiempo que las flexionan, realicen una respiración tranquila, notarán cómo la parte que hemos mencionado antes, «el punto de *Sanri*», se va estirando. No hagan demasiada fuerza, bajen hasta donde el cuerpo les permita según su flexibilidad. Realicen este ejercicio cinco veces.

A continuación, con los pies y rodillas juntas, coloquen las manos sobre estas y hagan movimientos circulares con las rodillas en los dos sentidos, manteniendo la planta del pie bien pegado al suelo. Les recomendaría este ejercicio antes de que se acumule cansancio en los pies.

# El concepto de gimnasio



Para mí, el gimnasio significa, además de dar latigazos al cuerpo cansado por la jornada laboral, un período de tiempo para liberar de mi cuerpo toda la tensión acumulada en el trabajo. Lo prefiero antes que ir a tomar cerveza y luego irme a casa.

Con ello no pretendo ponerme «cachas», sino que hago una serie de ejercicios muy centrados en estiramientos para regular el cuerpo desequilibrado tras la jornada de trabajo. Ya sea *footing* o pesas, cuando se hace ejercicio por rutina es como una droga, hay gente que se encuentra irritada el día que no lo hace. Son muchos los que lo practican, tanto por su salud como por hábito o por disciplina.

Hay costumbres buenas y malas. Hay gente que lee el periódico mientras practica ejercicio en la bicicleta o gente que charla con sus compañeros mientras hacen pesas. Este tipo de personas son los que van al gimnasio solo por ir o para liberar el estrés. Esta forma de hacer ejercicio puede servir, aunque no es la más adecuada. Sin embargo, sí lo hacen con un objetivo concreto, como por ejemplo cómo quemar grasa y mantener la línea; hay que plantearse el tema del rendimiento. Concentrémonos en los músculos que se utilizan para el ejercicio, junto con la imaginación y la creencia de que estamos quemando grasa.

Los estiramientos se realizan, con una respiración tranquila y profunda, utilizando musculatura abdominal.

Intentaremos llegar un poco más lejos de lo que nos permite nuestra elasticidad y mantendremos el estiramiento. No se conformen con la cantidad de veces que hayan repetido el ejercicio, sino asegúrense de haber estirado lo suficiente para realizar el ejercicio de manera perfecta.

Hay que tener en cuenta la condición física que tenemos ese día y no excederse. La mejor hora para hacer los ejercicios que eliminan grasa es por la noche, antes de acostarse.

Actualmente, nosotros pagamos el tiempo con dinero. Hasta hace poco, para viajar hacia Málaga o Barcelona lo más normal era planificar una noche de hospedaje. Sin embargo, hoy en día lo más habitual para los ejecutivos y para los hombres de negocios es salir con el primer vuelo de la mañana y volver el mismo día por la noche.

Esto explica por qué últimamente viajar en avión se ha hecho tan popular como medio de transporte público. Se entiende que esta popularidad de volar es un factor beneficioso para una sociedad como la de hoy en día, que da tanta importancia a la rapidez.

Yo también utilizo a menudo este medio para viajar a mi tierra natal o para presentarme a seminarios en tierra extranjera.

Pero sigo sin entender el mecanismo de cómo un aparato tan grande puede volar. Y si habla-mos del cansancio y el estrés de un largo viaje, a veces me veo sin ganas de viajar. Los tripulantes y los pilotos son algunos de los clientes habituales de nuestra clínica. Ya que trabajan haciéndose responsables de la vida de los numerosos pasajeros, es obvio que estén estresados, así que reciben masajes Shiatsu para relajarse y prepararse para el siguiente vuelo en mejores condiciones. También a la vuelta del vuelo, los pilotos nos visitan para relajar el cuerpo tenso.

Ellos saben que una vez han aterrizado, el estrés psíquico acumulado durante el viaje pasa a ser el tremendo cansancio físico y que recibir Shiatsu es muy eficaz para ese tipo de cansancio. asimismo, las azafatas(os) sufren muchas veces dolores en las lumbares. Pensando en que cualquier trabajo que requiere estar de pie produce sobrecarga en esa parte, en su caso se multiplican: el desequilibrio del sistema nervioso autónomo debido a la irregularidad de hora-

rios y, en el caso de las azafatas: enfermedades relacionadas a los órganos genitales, etc. Nosotros los terapeutas de Shiatsu sabemos que su cuerpo sufre las consecuencias del trabajo, aunque esto no se tiene muy en cuenta por ser un trabajo tan bien reconocido socialmente.

¿Y en el caso de pasajeros como nosotros? Si viajáramos en clase preferente sería otra cosa, pero en mi caso, que siempre viajo en clase turista y también tengo dolor crónico en la zona lumbar, al estar cenando en un asiento pequeño o leyendo un libro para hacer tiempo, el dolor comienza a notarse muy pronto. En estos casos yo me levanto del asiento y busco un espacio en la zona de los servicios y realizo los siguientes ejercicios:

*1.* |||||||||||||||||||||||||||||||||||||||||||||||||||||||||||||||||||||||||||||||||||||||||||||||||||||||||||||||||||||||||||||||||||||||||||||||||||||

De pie, relajar y balancear el cuerpo. Desde esa posición, pasar las manos a la espalda colocándolas a los lados de la columna vertebral (los meñiques hacia abajo y los pulgares hacia arriba; colocarlos lo más alto posible). Siguiendo los bordes de la columna vertebral, hay cinco puntos que presionaremos con los dos dedos pulgares en la zona lumbar entre las primeras lumbares y la parte superior del sacro. Repetir tres veces el masaje de estos cinco puntos teniendo en cuenta, sobre todo el último, dónde se mantiene más tiempo la presión.

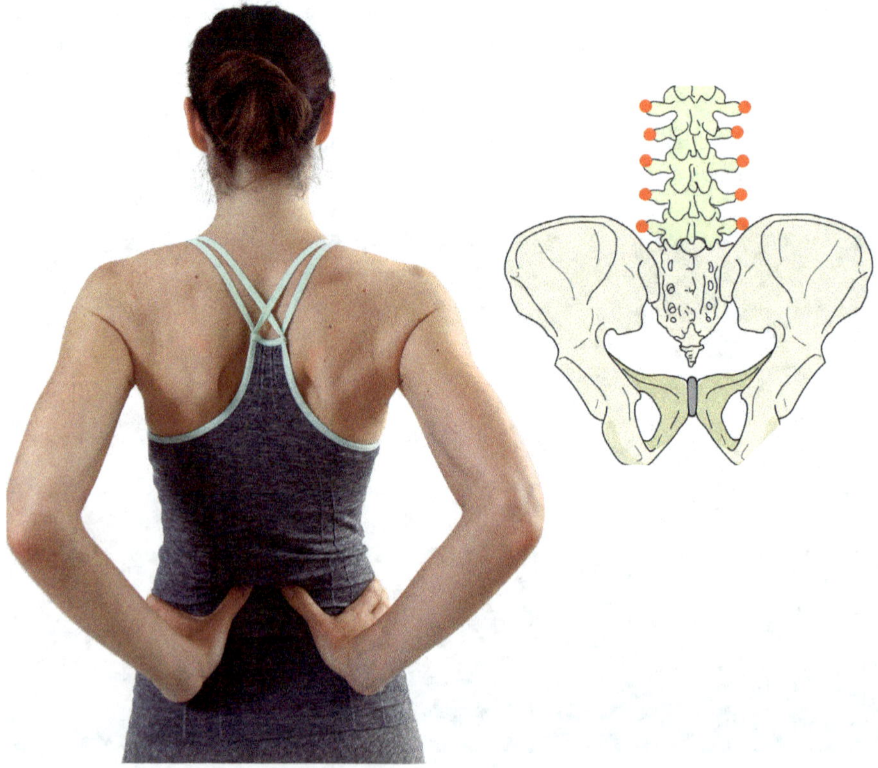

154

Mantener la posición de los pulgares en la última posición del proceso anterior, es decir, en la parte superior del sacro, y desde esta postura girar la cintura describiendo un círculo; comenzar con un movimiento pequeño e ir ampliando poco a poco veinte veces hacia la izquierda y otras veinte hacia la derecha. Repetir dos series.

En una línea de larga trayectoria, nos sirven la comida unas cuantas veces. Aun sabiendo que no tenemos hambre, consumimos ya por inercia. Puesto que no nos movemos, la capacidad digestiva del estómago es mucho menor contribuyendo así a la acumulación de gas y a una sensación de pesadez en la tripa.

En un caso como éste, se da un masaje en la zona del cuello, sobre el músculo esternocleidomastoideo; una masa de fibra fina que va desde el cuello (de la parte inferior del lóbulo de la oreja) hasta la clavícula. La presión se comienza desde arriba. Y la zona más importante es la que se encuentra en el tercer punto, que quedaría más o menos en medio del cuello, donde circula el nervio vago. Desde aquí el sistema nervioso controla la parte del pecho y de la tripa. Así, al dedicar mucho tiempo para este punto, desaparecerá la mala sensación que permanece en la tripa.

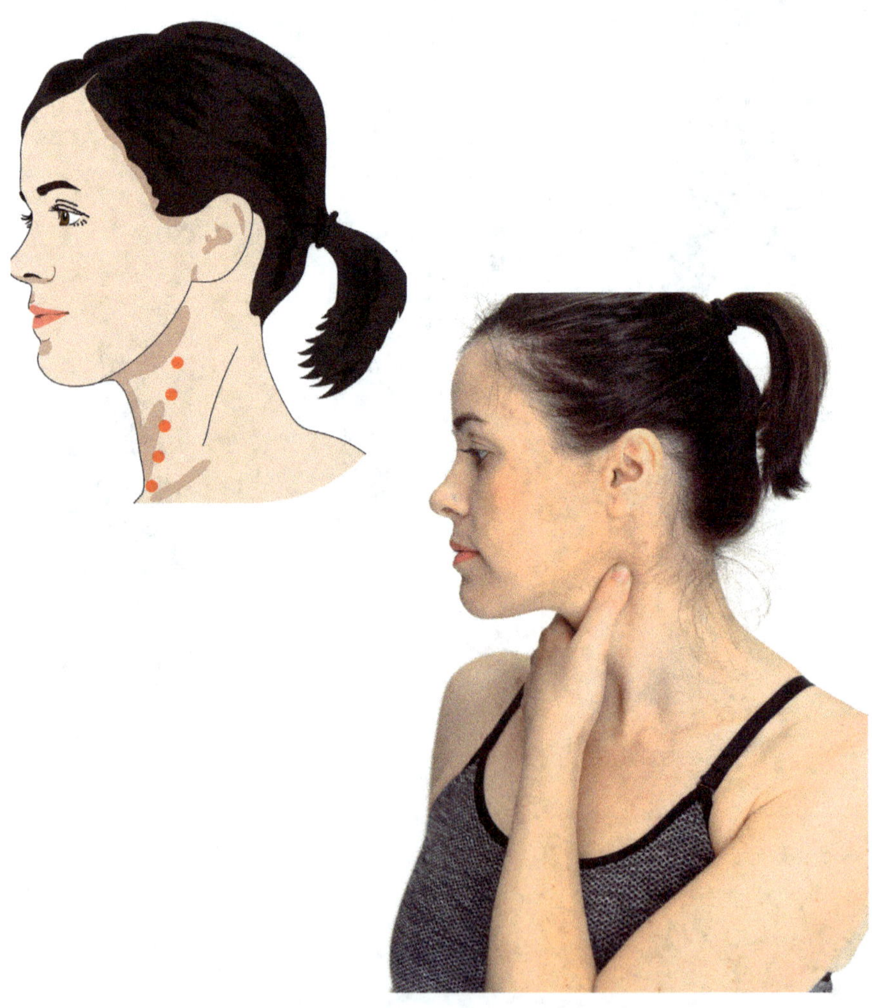

Al permanecer sentado, se produce la condensación de los músculos, es lo que llamamos «tener los músculos tensos». Es el resultado de mantener una postura durante mucho tiempo y por la manera de sentarnos en una silla, con el cuello inclinado hacia delante.

Lo más eficaz para estos casos es el estiramiento de la espalda. Luego, colocar las dos manos en la nuca, los meñiques hacia arriba y los pulgares colocados en el borde del occipucio. Apretar con el pulgar, desde el centro de la nuca hacia ambos lados, los cinco puntos echando la cabeza hacia atrás. Repetir este proceso tres veces.

En la zona de la espalda, entre los bordes del cuello y los brazos, se encuentra la masa del músculo llamada trapecio. La presión sobre el hombro la haremos utilizando los cuatro dedos de la mano contraria (por ejemplo, para dar masaje en el hombro derecho utilizar la mano izquierda). El tercer punto quedaría más o menos donde colocamos el asa cuando llevamos un bolso debemos, pues, presionar dedicando más tiempo a este punto. Una vez acabado el masaje, subir los hombros y bajarlos después de dos o tres segundos (totalmente relajados). Repetir este proceso tres o cuatro veces.

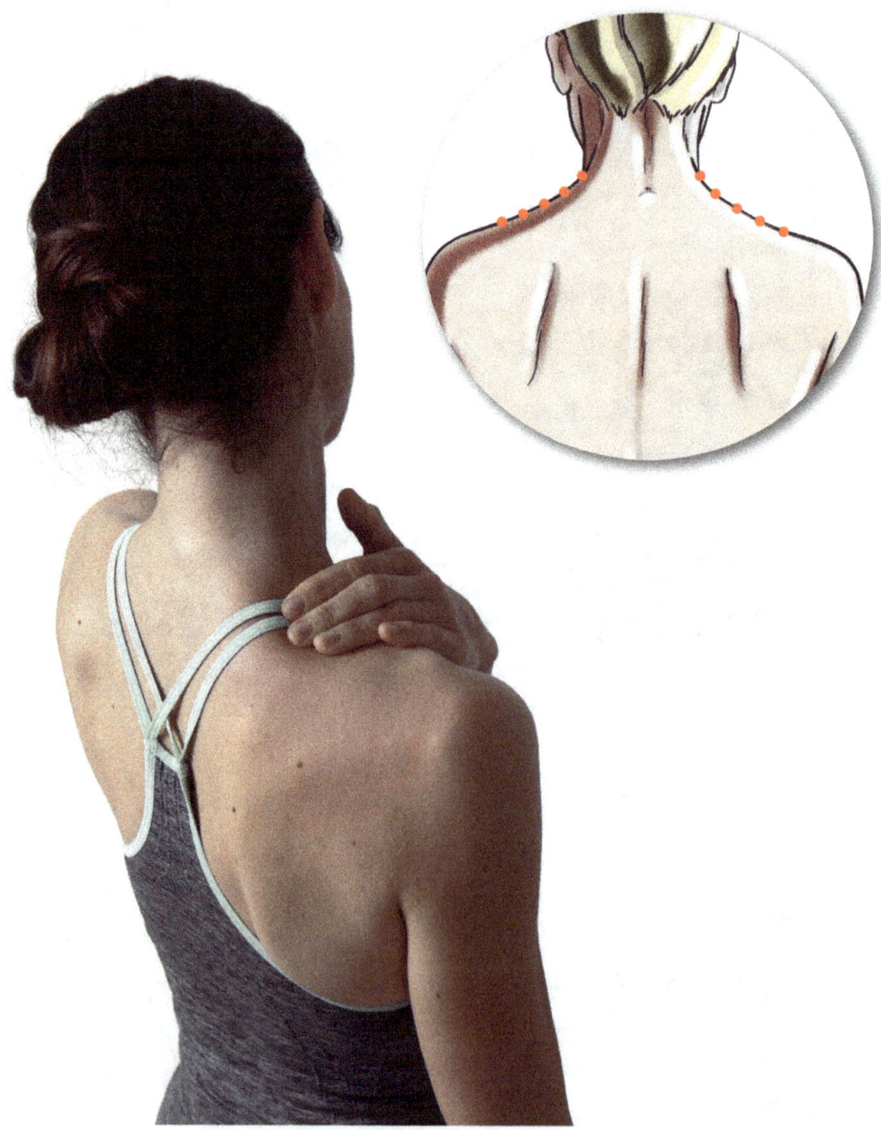

Sinceramente, me da envidia ver personas que pueden dormir en el avión como si estuviesen en su casa, mientras que yo solo puedo dormitar. Me imagino que ellos no tienen que preocuparse de los Jet-rag (cambio de hora) y trabajar sin problemas desde el día siguiente de su llegada. Aunque también es cierto que ver señoritas con la boca abierta y roncando me hace darme cuenta de lo dura que es la vida.

En la parte inferior del lóbulo de la oreja encontramos un hueso que sobresale, la apófisis mastoides. Debajo, podemos localizar un punto convexo. Este punto del que hablamos es conocido como «el punto del insomnio». El masaje para este punto hace que baje la sangre de la cabeza, relajando así el estado de excitación o de tensión.

Es una relación causa-efecto; al calmar la excitación, la persona se relaja y duerme mejor. El Shiatsu de esta zona no trata de definir las posiciones y cantidades de puntos, sino buscar la parte que más duela y dar masaje en dicha zona.

Se utilizan los cuatro dedos de la mano contraria.

Cambiando el ángulo de la mano, apretar el punto de cuatro a cinco segundos. De esta forma, repetir el masaje durante dos o tres minutos en cada lado.

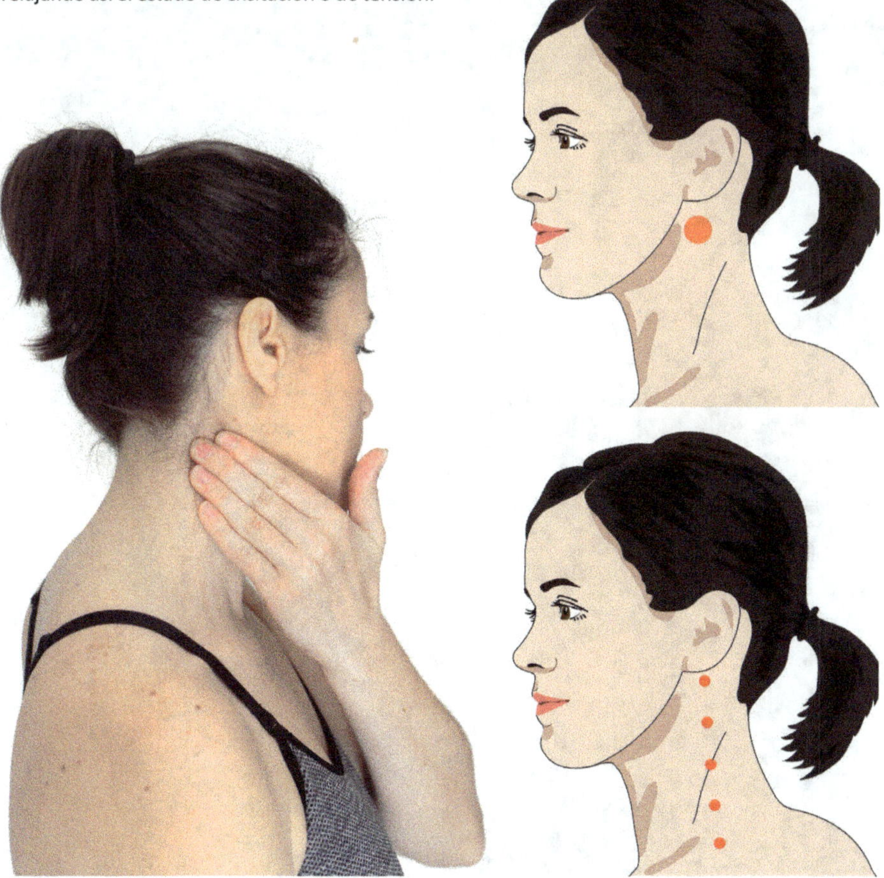

Luego, inclinar la cabeza hacia un lado y, en el otro lado del cuello, presionar un punto que se encuentra a dos dedos por debajo del lóbulo de la oreja.

Contando desde este punto, distribuir cinco puntos hasta llegar al ángulo que forman el cuello y el hombro. Repetir el masaje tres veces y hacer lo mismo con el otro lado.



El cuerpo tiene varias maneras de manifestar la tensión, como la aceleración del pulso o de tener sensación de peso en el pecho produciendo náuseas representa la acumulación del estrés, y puesto que aquí estamos hablando de diez mil pies de altura, hay que tener en cuenta las diversas condiciones de salud de cada uno.

Ante este estado les recomiendo el Shiatsu en la zona del epigastrio. Los puntos que se encuentran en esta parte son conocidos como los puntos de corazón y están muy relacionadas con las emociones.

Utilizando cuatro dedos de ambas manos, apretar el epigastrio y expulsando el aire simultáneamente durante unos cinco segundos. A la hora de presionar, sería más eficaz si se inclina el cuerpo hacia abajo.

Realizar cinco veces este ejercicio. Notará cómo esa sensación de opresión en el pecho va desapareciendo y los pulsos recobrando su ritmo habitual.

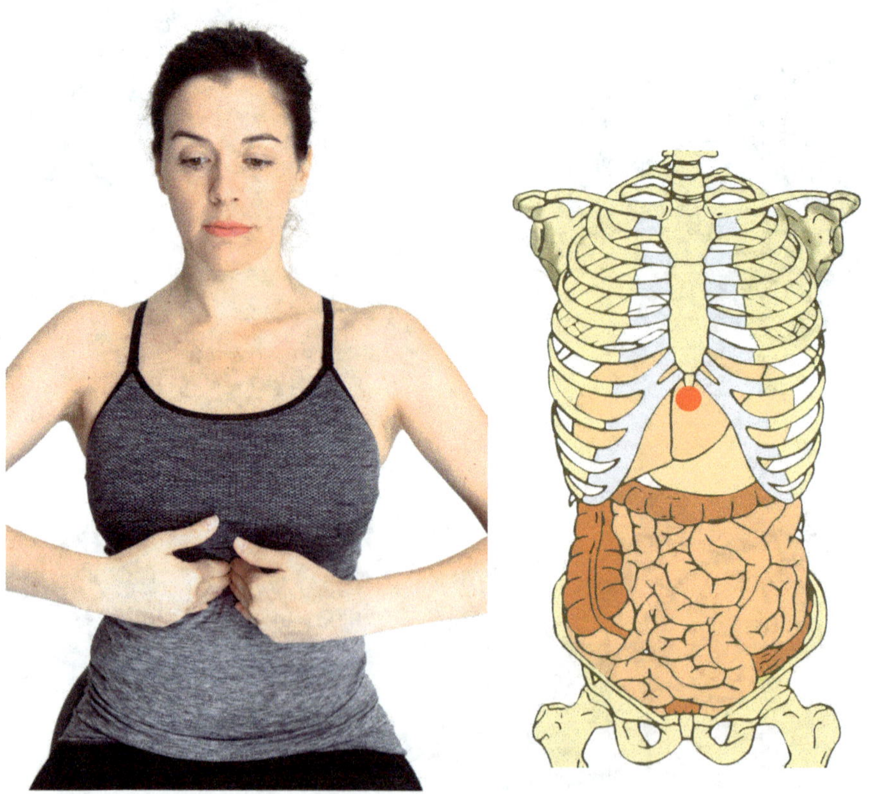

Cuando nos disponemos a solicitar el servicio de un buen profesional, es indiferente el gremio del que hablamos, se trata de buscar siempre lo mejor de cada rama, si hablamos de una clínica de Shiatsu, vamos a seguir las mismas pautas que para solicitar el servicio de cualquier profesional.

Una buena clínica tiene un ambiente vivo, hay muchos pacientes y nos debe dar una sensación acogedora. Tal vez este sea el motivo que un paciente la recomiende a otras personas.

La sala de espera es la cara de la clínica. Refleja la filosofía de la gestión del propietario. Una sala de espera con un enorme cuadro surrealista nos muestra la personalidad ostentosa del propietario. La terapia es un trabajo humilde y sencillo; no necesita una *performance* deslumbrante. La decoración más adecuada para una sala de espera sería una representación de un paisaje sencillo.

En Japón, las clínicas médicas o de terapias alternativas están sometidas a unas legislaciones muy rígidas y solo pueden anunciarse de forma limitada. Por eso, la única alternativa propagandística es el «boca a boca».

Aunque el establecimiento sea viejo a simple vista, si se mantienen los servicios bien limpios y se decora con flores recién cortadas, da sensación de frescor y los pacientes se sentirán más a gusto.

Un profesional sabe hacer brillar su trabajo aun siendo algo que repite cada día, es la base para que un paciente se encuentre en buenas manos.

La filosofía de la clínica se ve también al observar las revistas de la sala de espera. Si hay solo revistas específicas, según el gusto particular del propietario, por ejemplo de golf, o quizá de «a saber cuándo» (de hace un mes...). Si son revistas del «corazón», al menos que sean de actualidad. Aquí se nota la disponibilidad hacia los pacientes.

Todo ello nos da información sobre el perfil del propietario.

Tampoco es apropiado colocar fotos de famosos que han visitado el centro, ni los artículos de periódico que hablan sobre su clínica... Esto da la sensación de frivolidad. Los profesionales suelen guardar discreción sobre su trabajo. La anterior opción sería más adecuada para la decoración de un bar.

Si un restaurante cambiase la forma de cocinar cada día, sería tremendo; ningún cliente sabría el tipo de cocina que le espera cuando llegue a su restaurante habitual.

Los clientes desean el mismo sabor que aprecian y conocen y solo los profesionales pueden responder, todos los días, a esta demanda.

Imaginemos que un terapeuta tiene que tratar a un paciente cien veces. Si el terapeuta cambia el tratamiento cada día, el paciente se sentirá inseguro. Se debe realizar la terapia adecuada de forma ilimitada y bien definida.

Los terapeutas «charlatanes» no escuchan a los pacientes, dedican la mayor parte del tiempo a divagar y pavonearse. Tampoco hay que ser mudo, pero trabajando es preferible un terapeuta de pocas palabras.

Las clínicas que hacen esperar a los pacientes, a pesar de haber fijado la cita a una hora determinada; los terapeutas que se expresan con tecnicismos, complicándole la vida a los pacientes, etc. Estas son estas actitudes que reflejan la arrogancia del terapeuta.

Aquellos que entienden la situación y el dolor de los pacientes hablan tranquilamente con ellos escuchándoles atentamente.

Si un dietista tuviese problemas de obesidad, ¿sería de extrañar que los pacientes se preocuparan? Claro que no. El hecho de ser terapeuta acarrea la necesidad de una autodisciplina muy estricta, ya que es un trabajo que requiere mucha entrega y concentración, y si no se está preparado podía resultar estresante.

Lo que se conoce como la «revolucion del oficinista» es algo reciente. Durante los últimos años, la informática ha aumentado de forma radical el rendimiento en las oficinas.

Pero tambien es cierto que hay muchas personas que no pueden adaptarse a los nuevos sistemas de trabajo.

Las personas de mediana edad, entre cuarenta y cincuenta años, están obligados a aprender informática. Y son muchos los que se ven obligados a matricularse en academias de informática para evitar los posibles despidos. Me imagino la gran presión que sufren estas personas.

El hecho de que en Japón estén aumentando los casos de suicidio de gente con esta edad, ya significa algo. Es fácil calificarles como los fracasados de la sociedad actual. Sin embargo, también hay jóvenes que sienten empatía hacia estas personas, ya que en un futuro podrían ser ellos los que sufran esta presión. Se dice que la mayoría de la gente padece el síndrome de mediosano (los síntomas no dan positivo en los análisis o pruebas, pero tienen sensación de pesadez, dolor de cabeza, tensión muscular y otras molestias que afectan o disminuyen su capacidad de concentración en el trabajo, etc.).

Las personas que trabajan en una oficina están bajo muchas presiones: los compañeros de la empresa, la fatiga que supone estar tantas horas frente al ordenador, los transbordos que tienen que hacer hasta llegar al lugar de trabajo, etc., todo ello provoca un cúmulo de tensiones que pueden alterar el funcionamiento del sistema nervioso que se va a traducir en un desequilibrio físico. Lo importante para mantenerse con fuerza en una sociedad como esta es: descansar bien, olvidar todos los problemas una vez resueltos y no trasladar el cansancio al día siguiente.

Para no ir acumuladndo cansancio, realizaremos autoshiatsu. Si tienen cansada la vista o los hombros tensos, presionaremos ciertos puntos. El autoshiatsu puede ser una solución rápida.

Las personas que trabajan todo el día con el ordenador acumulan mucha tensión, que el cuerpo acaba manifestando con síntomas de dolor y rigidez.

### 1. Ejercicio de estiramiento de la espalda

Al permanecer sentados en la misma postura durante largo tiempo, aparte de tensionar la espalda oprimimos toda la zona pectoral (organos respiratorios), ya que tendemos a inclinarnos hacia delante. Empecemos el ejercicio con una inspiracion profunda, e iremos expulsando ese aire gradualmente al mismo tiempo que vamos estirando el cuerpo. Estiren la espalda hasta donde puedan y mantengan la postura durante dos o tres segundos. Desde esa posición, intenten estirarse un poco más y suelten la fuerza de forma repentina. Repitan el movimiento tres veces.

a) Estiren los brazos hacia arriba con las manos vueltas y los dedos entrelazados.

b) Inclinen el tronco hacia la derecha, y viceversa, a la vez que expulsan el aire. Con este movimiento también se estira el cuello.

Crucen las manos con la palma hacia fuera y manteniendo la espalda y los brazos estirados. El ejercicio también servirá para estirar el cuello.

c) Con las manos entrelazadas estiremos el tronco y los brazos hacia atrás todo lo posible, permitiendo así el estiramiento del cuello.

### *2. Los ejercicios para el cuello*

La tensión muscular en las zonas del cuello y los hombros es a veces un agobio insoportable, llegando a provocar náuseas y dolores de cabeza. Estiren la zona de forma progresiva, mantengan la posición durante dos o tres segundos y relajen de golpe.

Repitan tres o cuatro veces el estiramiento.

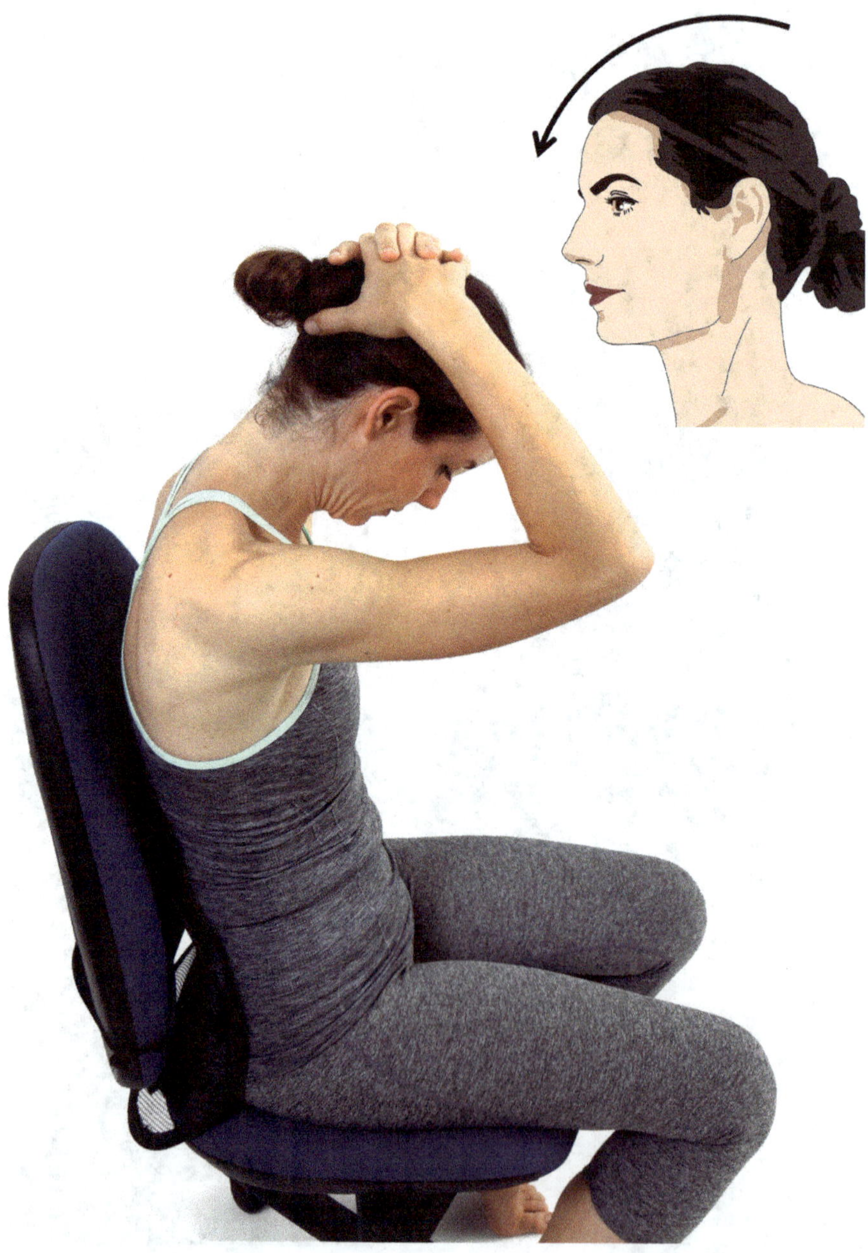

Crucen las manos, colóquenlas sobre la nuca y empujen la cabeza hacia abajo, como si quisieran tocar el pecho con la barbilla, y aproximen los codos al mismo tiempo.

Eleven los hombros, mantengan la posición durante cinco segundos y luego relajen de golpe.

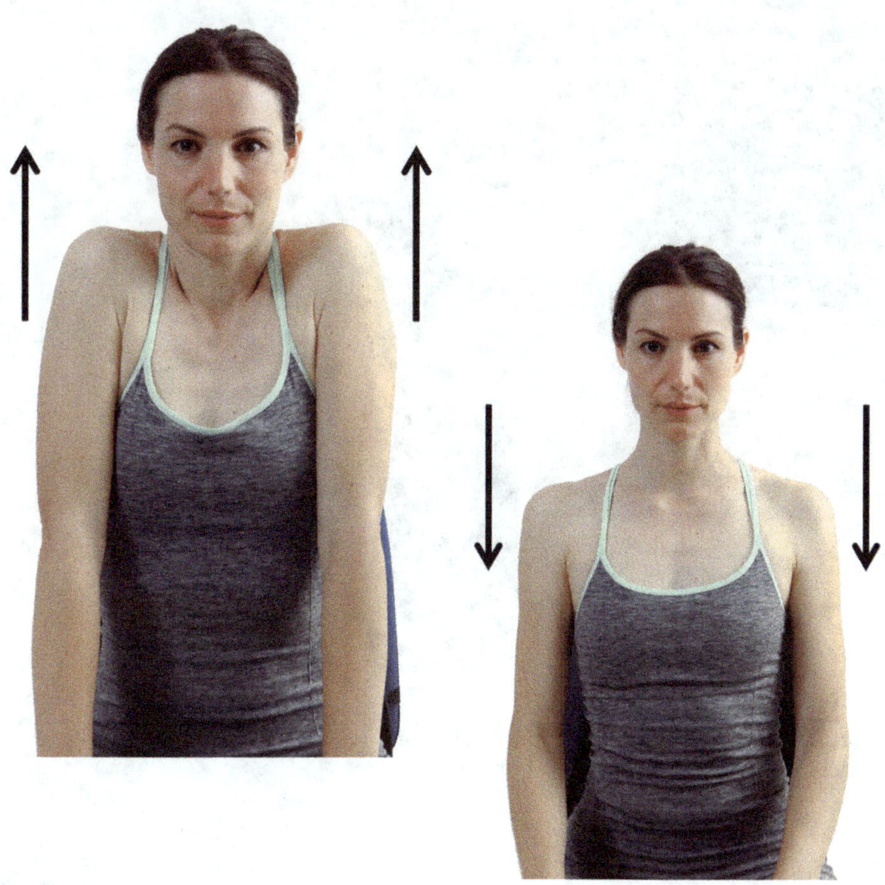

### 3. Estiramiento para los brazos

Al estirar el brazo, imagínense cómo sus músculos se van extendiendo.

Extendemos los brazos y con una mano agarramos los dedos de la otra, por la zona dorsal, para flexionar la muñeca. Ahora haremos lo contrario, agarren los dedos del lado palmar y estiren la muñeca. Alternen el ejercicio de doblar y estirar. Repitan tres veces el proceso.

Recuerden que no es tan importante el número de repeticiones, sino mantener el estiramiento para darle tiempo al músculo a relajarse.

Sentados, agárrense al borde de la mesa y estiren los brazos de forma paralela al suelo. Desde
esta postura, hagamos fuerza hacia abajo.

### 4. *Movimiento de los hombros*

Hay personas que hacen giros con el cuello cuando notan tensión. Igualmente, hay personas que se sienten mejor haciendo crujir los huesos del cuello. Es cierto que proporciona sensación de alivio de las molestias en el momento, incluso dicen que con este hábito han conseguido colocarse los huesos. Sin embargo, ya sea el cuello o las manos, hacer crujir los huesos es una mala costumbre, pues desgasta el cartílago y los huesos. Es mejor dejar este hábito lo antes posible.

El siguiente ejercicio les aliviará la tensión acumulada en el cuello y en los hombros (es un ejercicio para el músculo trapecio, que cubre la parte posterior del cuello, los hombros y la espalda).

Estiren los brazos con las manos cruzadas. Realicen el movimiento hacia delante y hacia atrás y realicen giros con los hombros en ambos sentidos.

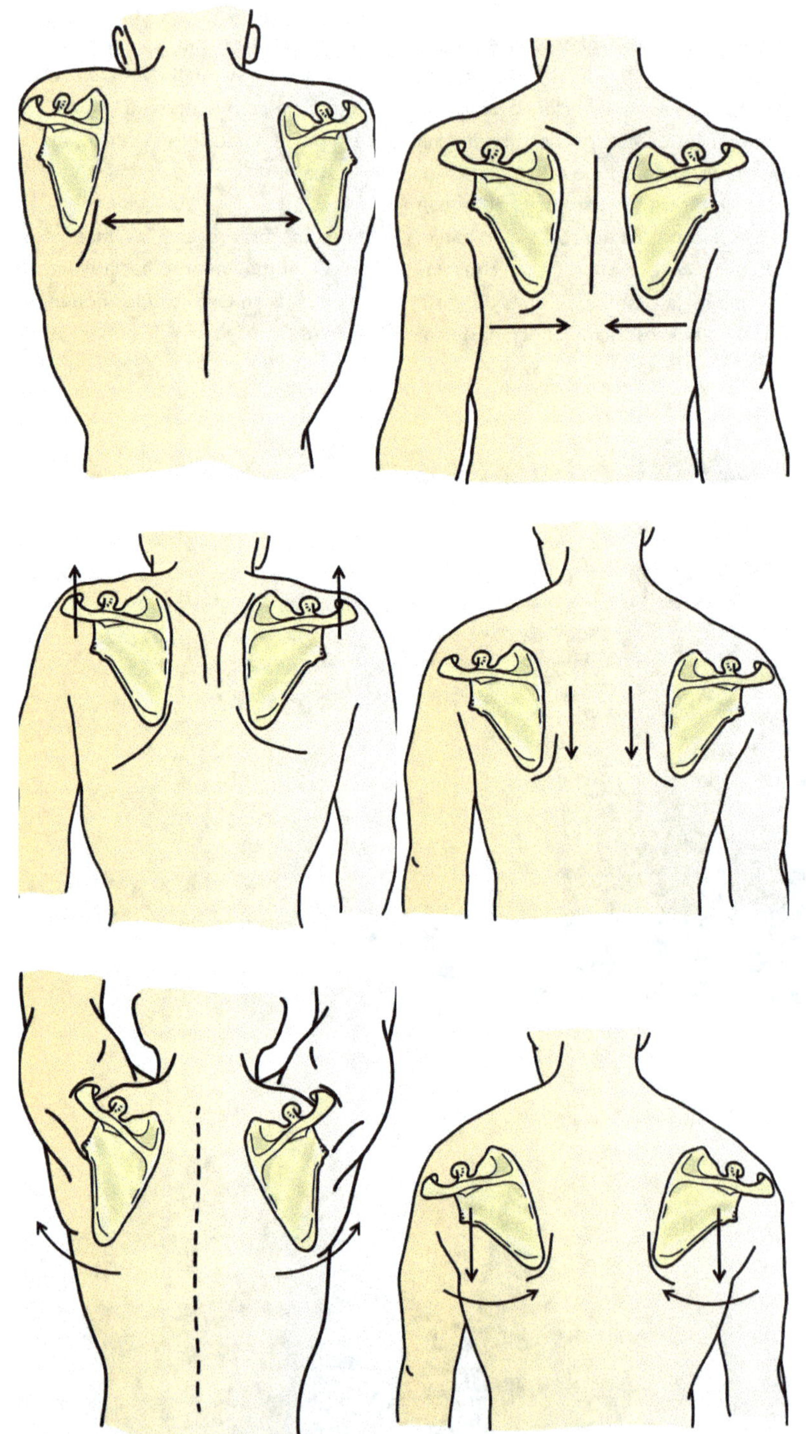

### 5. Vista cansada y dolores de cabeza (cefaleas y migrañas)

a) Para la vista cansada y los dolores de cabeza es muy eficaz el Shiatsu en la parte de la nuca. La dirección de la presión se dirige hacia el entrecejo. Si realizan la presión inclinando la cabeza hacia atrás, será más eficaz.

Presionen el borde del hueso occipital utilizando los pulgares y cuidando que la respiración sea calmada.

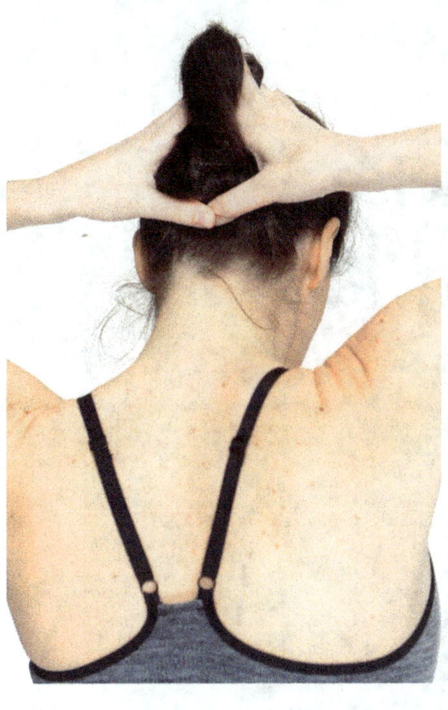

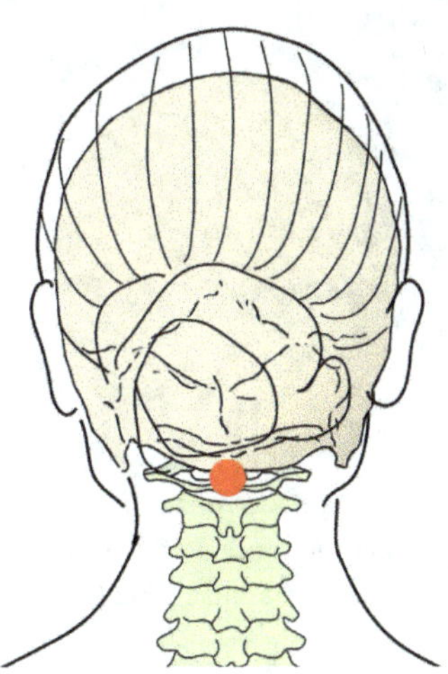

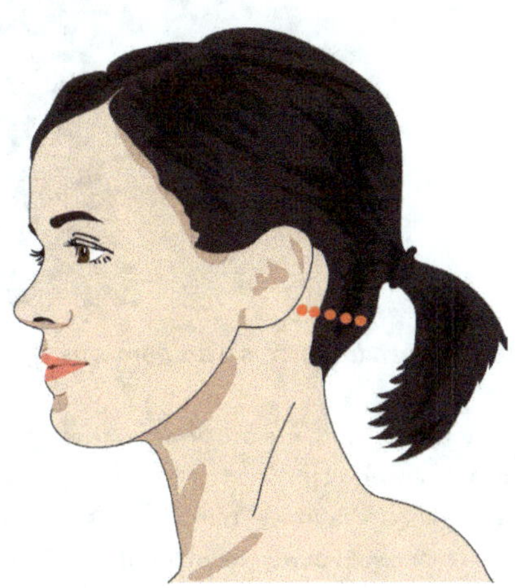

b) La presión sobre la sien es una acción inconsciente que realizamos cuando tenemos migrañas o falta de concentración.

Presionen con los dedos la zona de la sien, el entrecejo y las orejas. Mantengan la presión y repítanlo tres veces.

### 6. Shiatsu para los brazos y los hombros

a) El punto que se suele presionar para síntomas de entumecimiento de los brazos y de las manos se llama «el punto de los tres *Ri* de la mano». El punto se encuentra a cinco centímetros del codo si nos dirigimos hacia la mano. Es la zona donde se encuentra una masa de músculo que se mueve al doblar los dedos anular y medio.

Presionaremos el punto con el dedo pulgar de la mano contraria. Si notan un dolor agudo, ese es «el punto de los tres *Ri* de la mano». Presionen el punto tres veces. Y a continuación, distribuyan el antebrazo en ocho puntos hasta la muñeca y presiónenlos.

Se repite el ejercicio dos veces más.

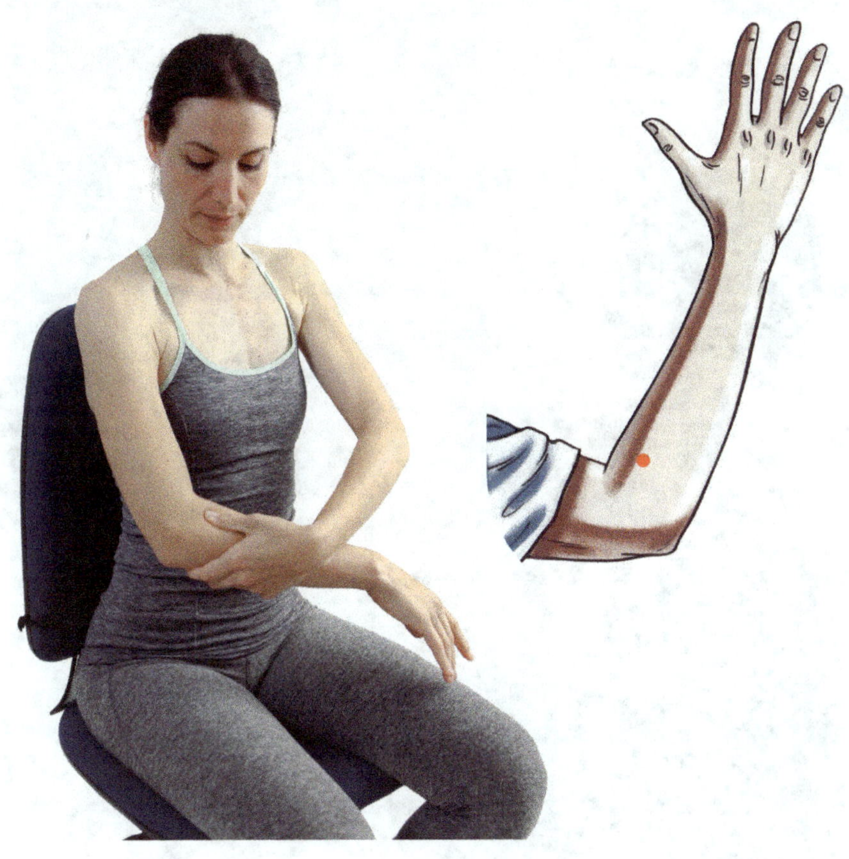

Una parte del músculo trapecio va desde la nuca, por encima del hombro, hasta la clavícula. En este apartado les enseñaré el tratamiento para esta zona.

Presionaremos el borde de dicha masa muscular, desde el ángulo que forman el cuello y el hombro hasta donde comienza el brazo, en cinco puntos. Repitan tres veces la presión sobre los cinco puntos.

Si realizan este tratamiento combinado con ejercicios de estiramiento tendrá más eficacia.

Colocando las manos por detrás de la espalda, cogemos la muñeca izquierda con la mano derecha y estiramos, a la vez que inclinamos el cuello hacia el lado derecho, y viceversa.

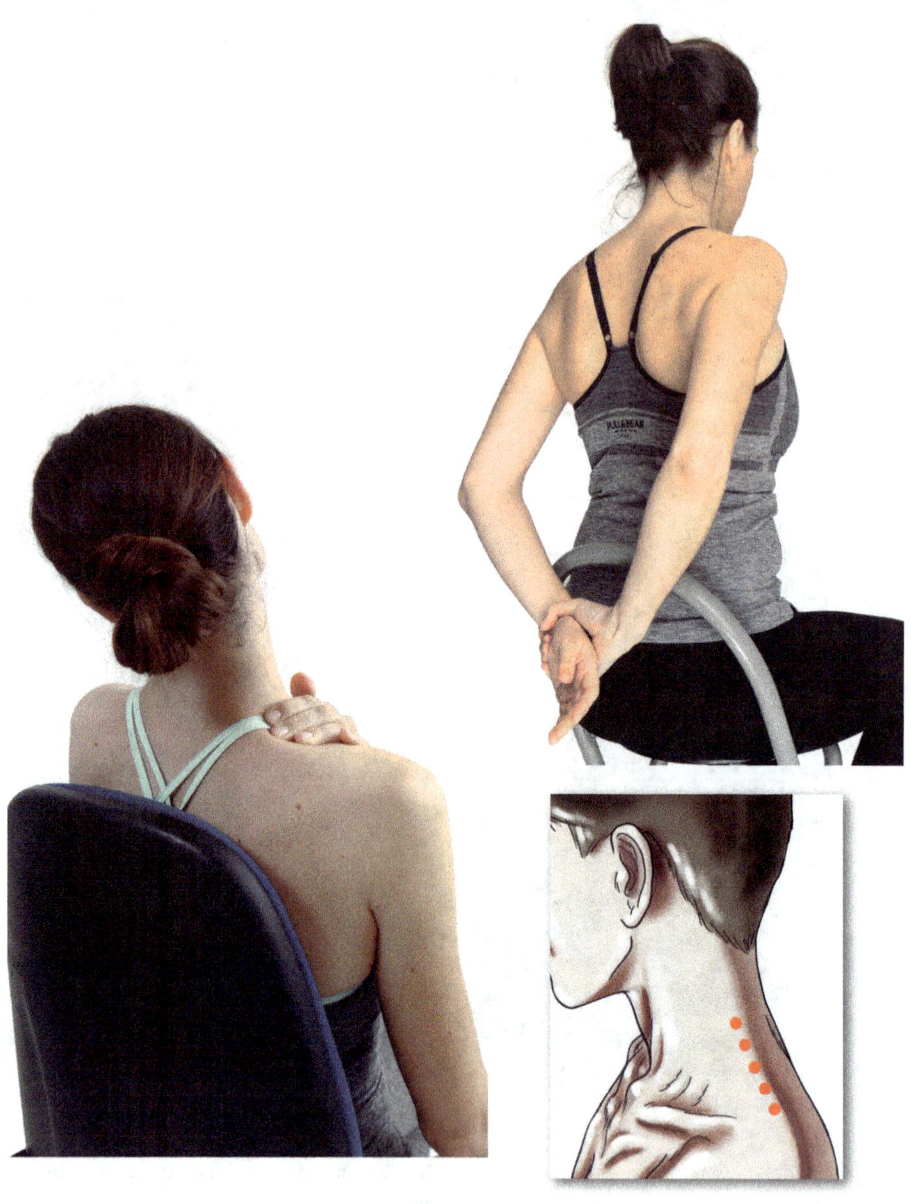

## 7. Estabilizar los estados del estómago e intestinos

Este punto que vamos a tratar se llama *Goukokuy* tradicionalmente se ha utilizado para analizar el estado de los órganos digestivos (especialmente el intestino grueso). Este punto es conocido por su eficacia para los dolores de muelas. Es uno de los puntos más basicos de Shiatsu. Empleen para presionar en forma de pinza los dedos pulgar e índice (el primero en el lado del dorso y el segundo en el lado de la palma). Localicen el hueco que se encuentra entre los huesos metacarpianos y empiecen a presionar desde ahí, en cuatro puntos, hacia la muñeca. La fuerza de la presión se dirigirá hacia el centro de la muñeca.

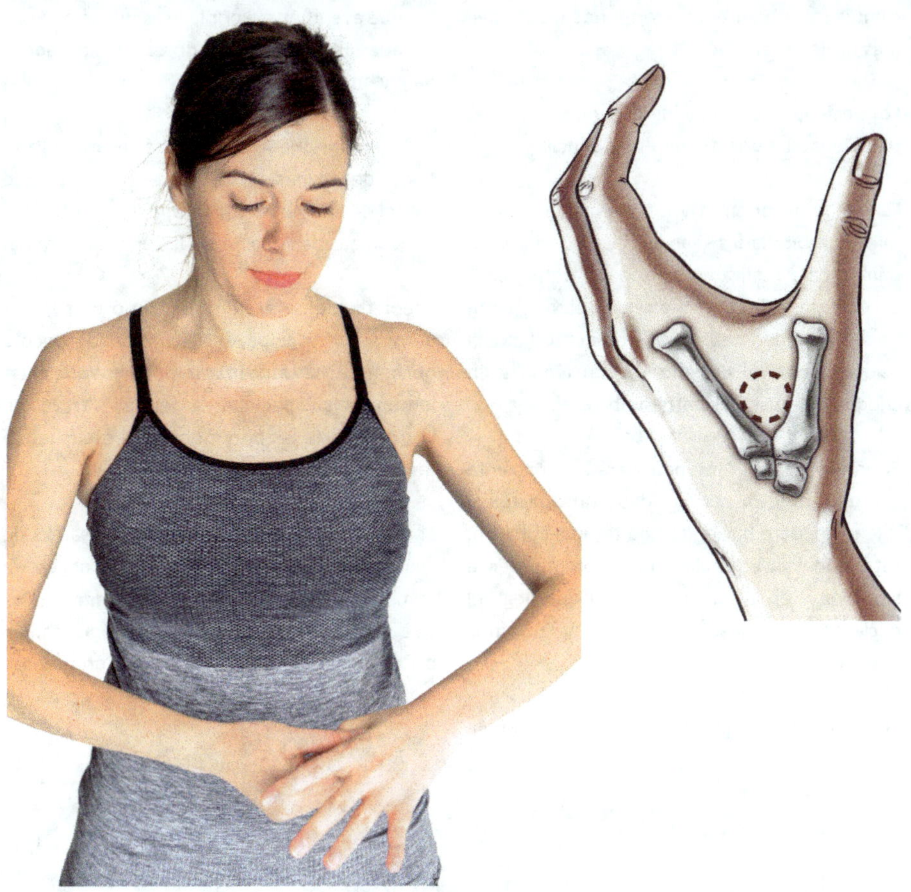

## *Requisitos mínimos para trabajar como terapeuta*



Para los terapeutas no hay edad de jubilación, hay que atender a los pacientes mientras uno tenga fuerzas, tanto psíquica como físicamente. Podemos comparar a un terapeuta con poca experiencia a un atleta de maratón.

Los primeros años suelen esforzarse mucho para curar un paciente. Cuanto más se esfuerza el terapeuta, más resistencia encuentra al realizar el tratamiento. Estas resistencias son cada vez mayores; por un lado, el terapeuta trata por todos los medios de hacer desaparecer el dolor y, por otro, la propia tensión que crea trabajando hace que el paciente no mejore.

Esto es lo más interesante de la psicología de los pacientes. Cuando nosotros nos comportamos de una manera natural, con una mentalidad parecida al fluir de un río sereno e intentado comprender el fuero interno del paciente y de realizar el tratamiento sin esfuerzo los pacientes nos abren el corazón y nos responden más fácilmente.

Los pacientes sonríen y los síntomas van desapareciendo de una manera más sencilla.

Tal vez la experiencia y las sesiones de tratamiento acumuladas sean los factores determinantes para realizar este tipo de tratamiento sin esfuerzos. Cuando uno realiza el tratamiento con ansiedad de curar, dicha actitud afecta psíquicamente al paciente, produciéndose un choque de tensiones entre ambos.

Sin embargo, si el terapeuta trata al paciente sin importarle la periodicidad con que tenga que verle, pero haciendo una terapia correcta, esta modestia es la clave para comprender la situación y el sufrimiento con el que llega el paciente poniéndose enteramente en nuestras manos.

En realidad, cuando un terapeuta acumula experiencia profesional se da cuenta del riesgo que podía suponer un tratamiento. Esto se puede decir de cualquier profesión: cuando uno lleva tiempo realizando su trabajo, hay cosas que avergüenzan por la irrespetuosidad con las que las hemos realizado en nuestra época de juventud.

El terapeuta puede ruborizarse recordando su época de inexperiencia, pero es una etapa que es necesario pasar. Un terapeuta con talento tiene una capacidad de atracción muy notable.

Irremediablemente, el talento no es algo innato; si no se cuida, se irá perdiendo poco a poco. Pero, hay algo más importante que el talento y es la capacidad de percibir a través de la experiencia, siendo modesto y escuchando atentamente.

El terapeuta debe transmitir una sensación de alguien totalmente natural, algo tan necesario como el aire. Los terapeutas de verdad son los que actúan así y avanzan tranquilamente, sin prisas, por recorrer la larga trayectoria de ese camino que lleva a ser un buen profesional.

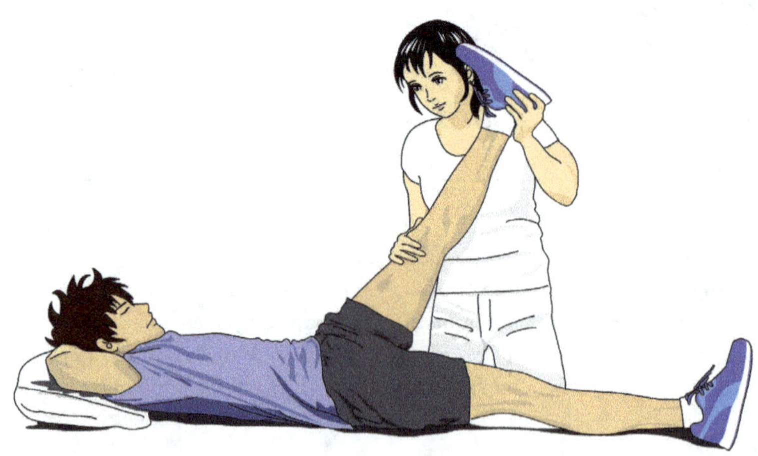

«Mamá, te Daré un masaje en los hombros», es la letra de una cancion infantil japonesa. Nos recuerda la imagen del niño que presiona a su madre en los hombros o los nietos que pasan la mano con cariño por la espalda de su abuela para relajarla cuando le duele (aunque muchas veces sea para que luego le dé dinero para comprar golosinas).

En Japón era costumbre tradicional que al regreso del trabajo el esposo recibiese Shiatsu de su mujer, durante unos minutos, para aliviar su cansancio.

Este tipo de relaciones familiares son muy tiernas y pacíficas. Es el modelo tradicional de una familia unida en Japón, algo que va perdiéndose hoy en día.

Las buenas costumbres, la sabiduria de los mayores, etc., todas estas tradiciones tan valiosas se van olvidando por un egoísmo dominante basado en la sistematización en la búsqueda de la comodidad. Se puede decir que la sociedad actual ha conseguido eliminar barreras. Pero al mismo tiempo, sobre todo los jóvenes, tienen menos ocasiones para comunicarse directamente con la gente y pasan más tiempo con el ordenador.

Esto hace que las personas sean cada vez más introvertidas y les cueste cada vez más esfuerzo hablar de sus propias preocupaciones.

En un entorno como éste es difícil establecer una verdadera amistad, pues la mayoría acumula el estrés en su interior y eso lleva a que las relaciones humanas se vuelvan más complejas. No es una problemática particular japonesa, sino que se estrecha el vínculo entre las personas gracias al desarrollo de los medios de comunicación.

Vivimos en una sociedad muy exigente, y por ello nos conviene conocer métodos para liberarnos del monstruo llamado estrés. Aquí nos puede ayudar el tratamiento Shiatsu.

Las dos partes más importantes de un tratamiento Shiatsu son el abdomen y la espalda. En este apartado les enseñaré los puntos básicos para la espalda.

A ambos lados de la columna vertebral salen diversas e importantes ramificaciones nerviosas que controlan todo el organismo.

Por eso en esta zona, además del dolor provocado por una mala colocación de las vértebras, nos encontramos también con algunos puntos tensos que reflejan irregularidades en los órganos internos.

Para el Shiatsu en pareja existen diversas posturas del terapeuta, así como diferentes formas de presionar. En este capítulo del libro tan solo explicaremos la parte más básica del Shiatsu, por lo que vamos a

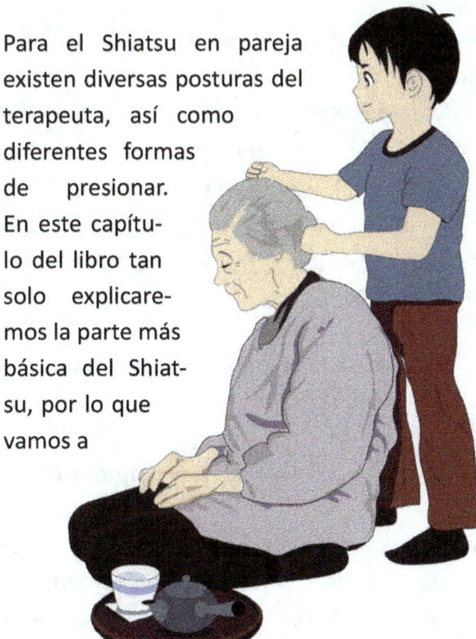

comenzar explicando solo las posturas que utilizaremos.

Existen tres posturas importantes para el Shiatsu en tatami (el suelo): básica, Seiza y rodillas. La más utilizada en Shiatsu es la postura básica, y puede tener tres o cuatro puntos de apoyo. En la postura básica debemos intentar que el triángulo formado por los tres puntos de apoyo sea lo más equilátero posible, pues es la mejor forma de conseguir una buena presión en la región que vamos a tratar.

Los tres puntos de apoyo son la rodilla, el pie y los pulgares con los que realizaremos la presión. Otra de las posturas que se utiliza en Shiatsu es la de rodillas, en la que el paciente se apoya sobre estas, que están ligeramente levantadas.

La siguiente postura se llama Seiza, y es una postura típica japonesa donde la espalda se encuentra totalmente recta y los glúteos se apoyan sobre los talones.

Las dos últimas posturas son menos utilizadas en el Shiatsu, pero no por ello son menos importantes.

A continuación explicaremos, de forma detallada, los tipos de aplicación de la presión. Se realizará de forma perpendicular y progresivamente. Es decir, echaremos el peso del cuerpo sobre la zona presionada muy suavemente, para llegar al máximo de presión, y retiraremos el peso del cuerpo de la misma forma, del máximo al mínimo.

Al principio de la práctica, cuando somos principiantes en Shiatsu, nos ayudaremos contando interiormente: 1, presionar; 2 y 3, mantener, y 4, retirar la presión.

Esta forma de presionar favorece la concentración mental y armoniza el ritmo de la presión.

El tipo de presión que utilizaremos se llama «presión de pulgar sobre pulgar». El pulpejo del pulgar derecho se coloca sobre la uña del pulgar izquierdo para aplicar la presión al mismo tiempo.

Se debe tener especial cuidado de no ejercer demasiada fuerza con el pulgar que está por encima para no dañar al otro. El reparto de fuerza es de un 70 por 100 para el pulgar que está por debajo y 30 por 100 para el que está por encima.

Se concentra el dedo meñique como guía para localizar los puntos.

En posición básica, que es la que fundamentalmente utilizaremos, el pulgar que esté más cercano al cuerpo del paciente será el que se colocará debajo.

Una vez explicado la parte básica del Shiatsu en pareja, vayamos un poco más lejos y empecemos con la práctica.

*1. Shiatsu para la zona interescapular (entre la columna y la escápula)*

a) La postura del paciente es tumbado boca abajo, la cara mirando hacia un lado (el que sea más cómodo), los brazos relajados y paralelos al cuerpo y las palmas de las manos hacia arriba.

b) El terapeuta se pone de rodillas, formando un ángulo de 90 grados respecto al cuerpo del paciente.

Luego levanten la pierna izquierda y coloquen el pie por delante de la cabeza del paciente; la pierna derecha permanecerá en el mismo sitio para sostener el cuerpo del terapeuta.

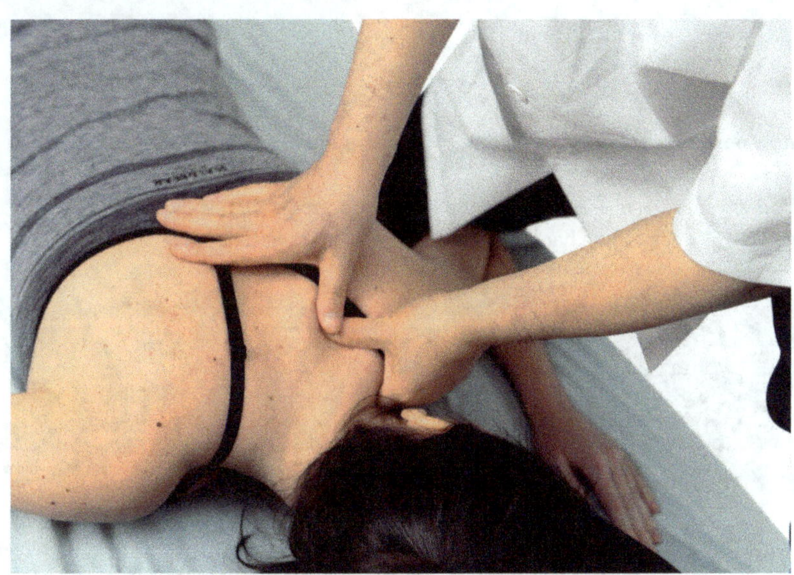

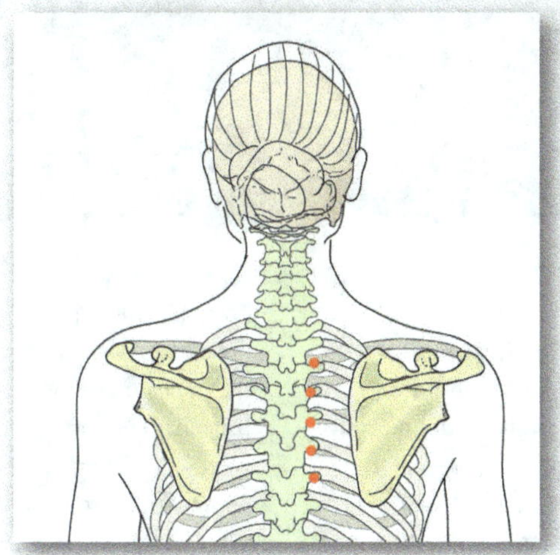

Cubran con los cuatro dedos de la mano izquierda (los dedos hacia abajo) el hombro del paciente. Para la presión emplearemos el dedo pulgar de la mano izquierda, sobreponiendo el dedo pulgar de la mano derecha.

Distribuyamos la zona en cinco puntos: desde la base del cuello (a partir de la primera vertebra dorsal) hasta el ángulo inferior del omóplato.

Presionen a dos centímetros de las apófisis espinosas y vayan bajando. Para presionar, no hagan fuerza solo con los pulgares, sino presionando de forma perpendicular, utilizando la fuerza que se produce al inclinar y dejar caer el peso de todo el cuerpo.

A cada punto le dedicaremos dos o tres segundos. La presión sobre los cinco puntos cuenta como una serie. Repítanlo tres veces.

Al finalizar el lado izquierdo, repetiremos lo mismo en el derecho.

## 2. Shiatsu para la parte inferior del omóplato y las lumbares (diez puntos)

a) El paciente, al igual que en el caso anterior, boca abajo, con la cabeza hacia un lado, los brazos a ambos lados y las palmas de las manos hacia arriba.

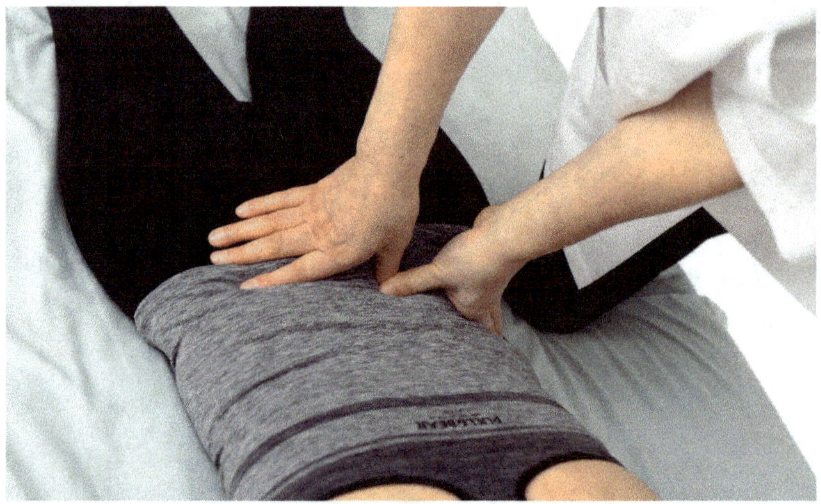

b) El terapeuta esta vez se colocará, de rodillas, al lado del paciente, de forma paralela a su cuerpo. Luego, saque la pierna izquierda y coloque el pie a la altura del hombro del paciente. Dividan en diez puntos la zona, desde el borde inferior del omóplato hasta el borde superior de la cadera (quinta vértebra lumbar).

Empleen los pulgares de la misma manera que en la postura anterior y presionen perpendicularmente con la fuerza que se produce al inclinar el cuerpo hacia delante; no realicen la presión solo con la fuerza de los dedos. A cada punto le dedicaremos de tres a cinco segundos, con calma y concentración. El último punto, al lado de la quinta vértebra lumbar, es el más importante, y aquí mantendremos más tiempo la presión.

Al finalizar el lado izquierdo, repetiremos lo mismo en el derecho.

1. El tratamiento se realiza teniendo en cuenta la respiracion del paciente; se presiona cuando esté expulsando el aire y nunca cuando lo mantenga y tense su cuerpo para soportar el dolor por una presión excesiva.

2. Para presionar, entren despacio, mantengan la presión durante dos o tres segundos y salgan progresivamente. Una presión realizada a base de impulsos puede causar una lesión. Respeten siempre, la regla de «entrar despacio mantener y salir despacio».

3. Realícenlo diariamente. Sentirán la tensión del paciente a través del pulgar. Al principio hay personas que rechazan el dolor de la presión. A ellos, antes de empezar con el tratamiento, les colocamos la mano sobre la espalda y les relajamos la tensión. Si realizamos la presión con los pulgares tras este tratamiento previo el Shiatsu tendrá más eficacia.

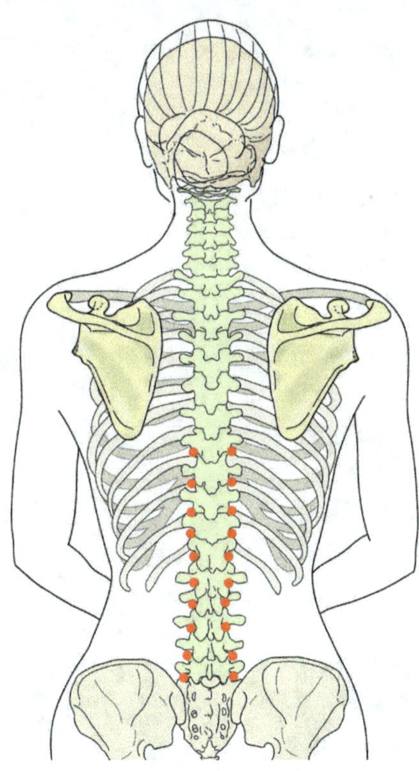

La virtud del Shiatsu es la comunicación directa mediante el contacto entre la piel del paciente y el dedo del terapeuta.

# 39. *Ejercicios para prevenir la lumbalgia*

腰痛予防体操

**1.**

De pie con los brazos elevados pegados a las orejas, hacemos un estiramiento vertical de todo el cuerpo.

**2.**

De pie y con las piernas abiertas y flexionadas, hacemos el movimiento de sentarnos en una silla y estiramos los brazos, primero arriba, y luego al frente.

Estiraremos alternativamente cada brazo con la pierna contraria, intentando estirar un poco más del límite.

De pie y manteniendo cada pierna elevada y flexionada con el brazo contrario perpendicular al cuerpo.

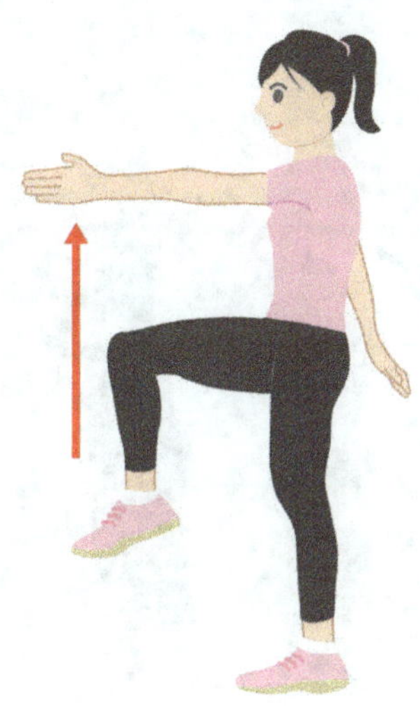



Ahora, adelantamos, una pierna y dejamos caer el peso del cuerpo hacia delante flexionando la rodilla. Mantenemos unos instantes.

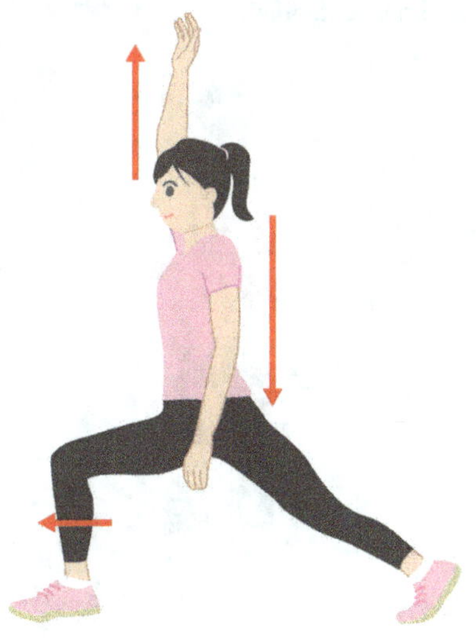

Cruzamos una pierna sobre la otra con los tobillos unidos y realizamos una flexión del tronco, hasta tocar con las manos el suelo.

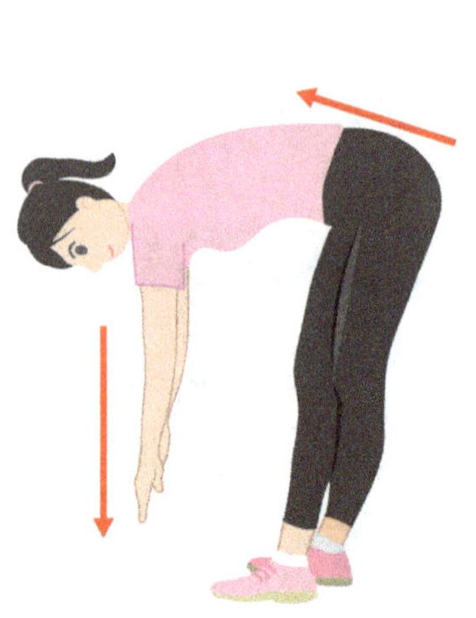



Con las piernas separadas, colocamos las manos en la zona lumbar, a la altura de los riñones, mientras que realizamos una rotación de cadera.

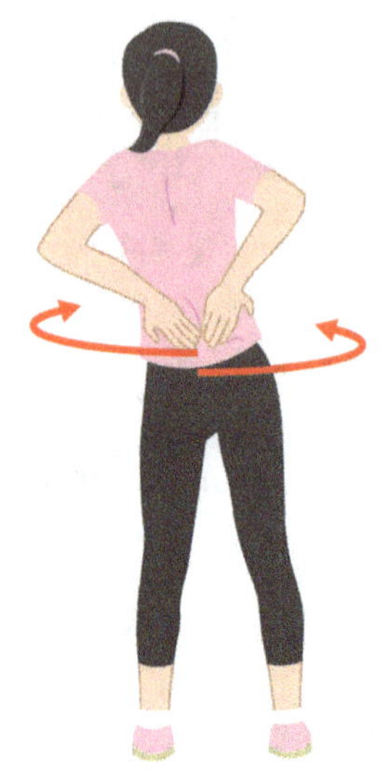



Giramos el tronco hacia ambos lados, acompañando los brazos en movimiento de la cadera. Las piernas separadas.

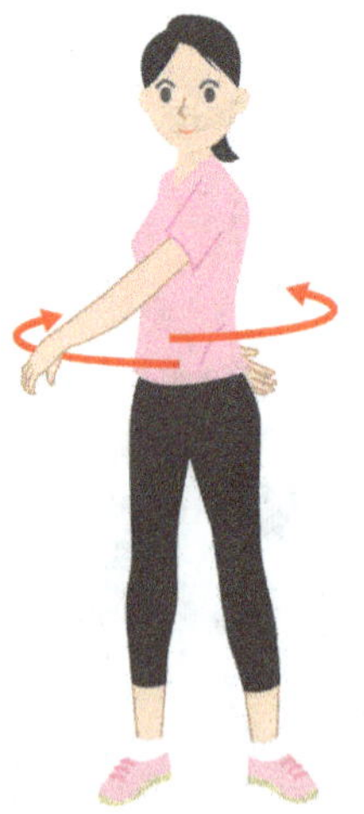



Sentados en el suelo, y juntando los pies por las plantas, dejamos caer el peso de las piernas para tocar el suelo con las rodillas.

**10.** ‖‖‖‖‖‖‖‖‖‖‖‖‖‖‖‖‖‖‖‖‖‖‖‖‖‖‖‖‖‖‖‖‖‖‖‖‖‖‖‖‖‖‖‖‖‖‖‖‖‖‖‖‖‖‖‖‖‖‖‖‖‖‖‖‖‖‖‖‖‖‖‖‖‖

Sentados en el suelo con las piernas abier-
tas, inclinamos el cuerpo hacia delante para tocar el suelo con las manos.

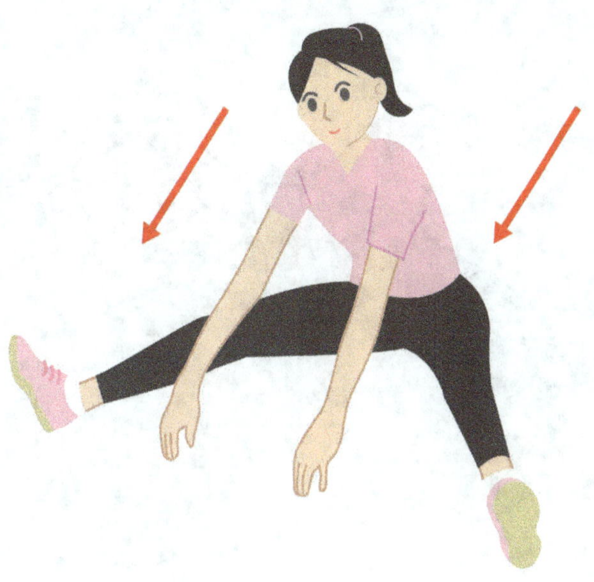

**11.** ‖‖‖‖‖‖‖‖‖‖‖‖‖‖‖‖‖‖‖‖‖‖‖‖‖‖‖‖‖‖‖‖‖‖‖‖‖‖‖‖‖‖‖‖‖‖‖‖‖‖‖

Tumbados boca arriba, realizamos un estiramiento, alternando cada brazo con su pierna
contraria.

Tumbados boca arriba, elevaremos la cadera hacia un lado.

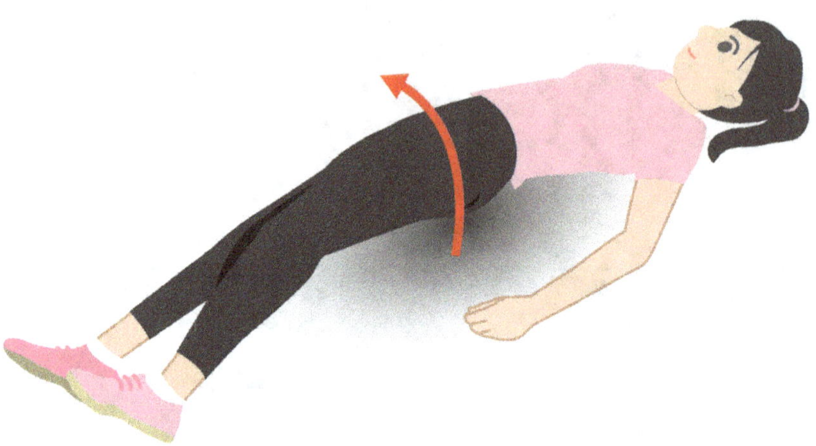



En la misma posición, flexionamos las rodillas y dejamos caer las piernas hacia un lado, sin despegar los hombros del suelo. Alternar ambos lados.

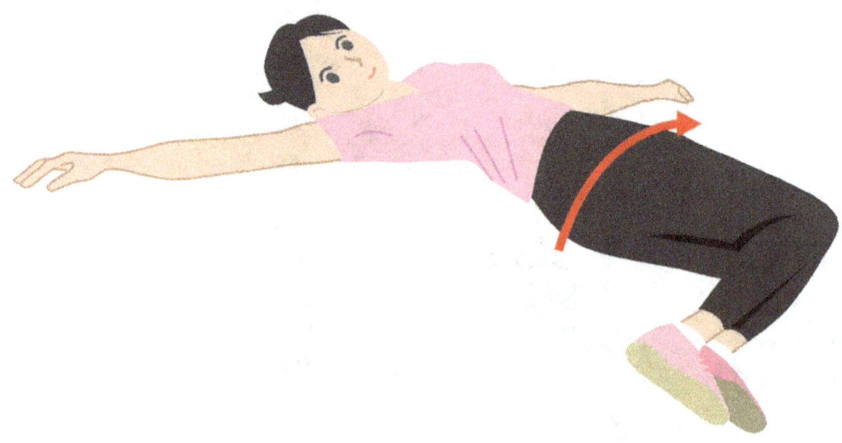

Tumbados en la misma posición giramos hacia dentro la rodilla, y tiramos hacia abajo haciendo una rotación interna. Alternar ambos lados.

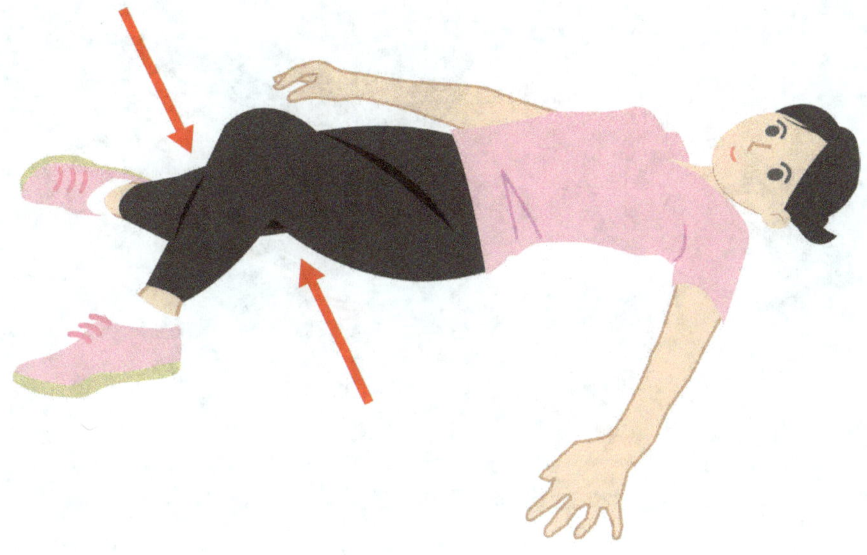

*15.* ||||||||||||||||||||||||||||||||||||||||||||||||||||||||||||||||||||||||||||

Ahora, flexionamos las piernas intentando que las rodillas toquen el pecho.

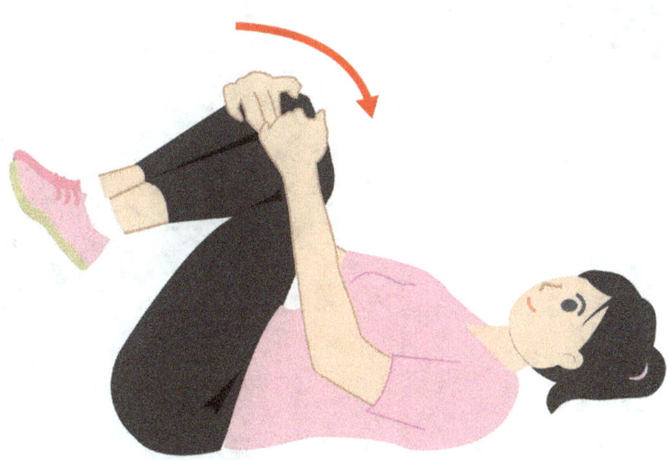

Tumbados boca abajo y con una pierna y ro-
dilla flexionada, llevamos ambas una hacia la otra con un leve esfuerzo.

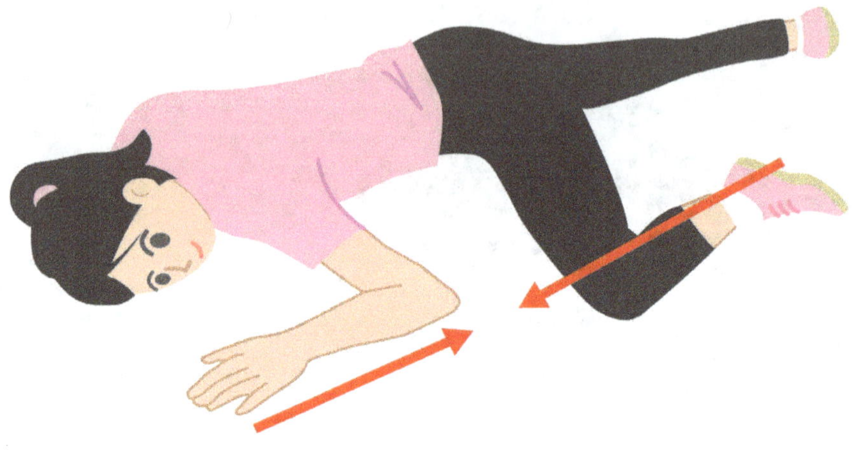

*17.* |||||||||||||||||||||||||||||||||||||||||||||||||||||||||||||||||||||||||||||||||||||||||||||||||||||||||||||||||||||||||||

Seguimos en la misma posición y con las pier-
nas flexionadas, dejamos caer las piernas hacia un lado y al otro alternativamente.

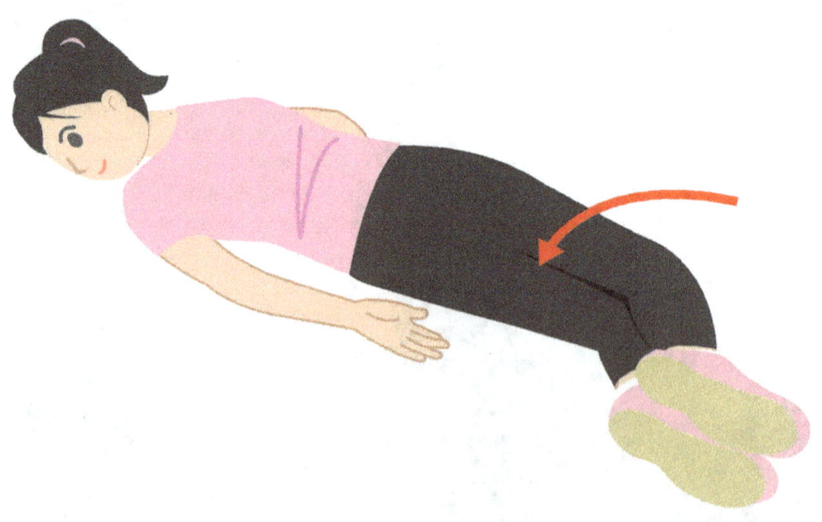

# 1. Ejercicios para la lumbalgia por desequilibrio hormonal.

# 2. Ejercicios para la lumbalgia por hiperlordosis lumbar.

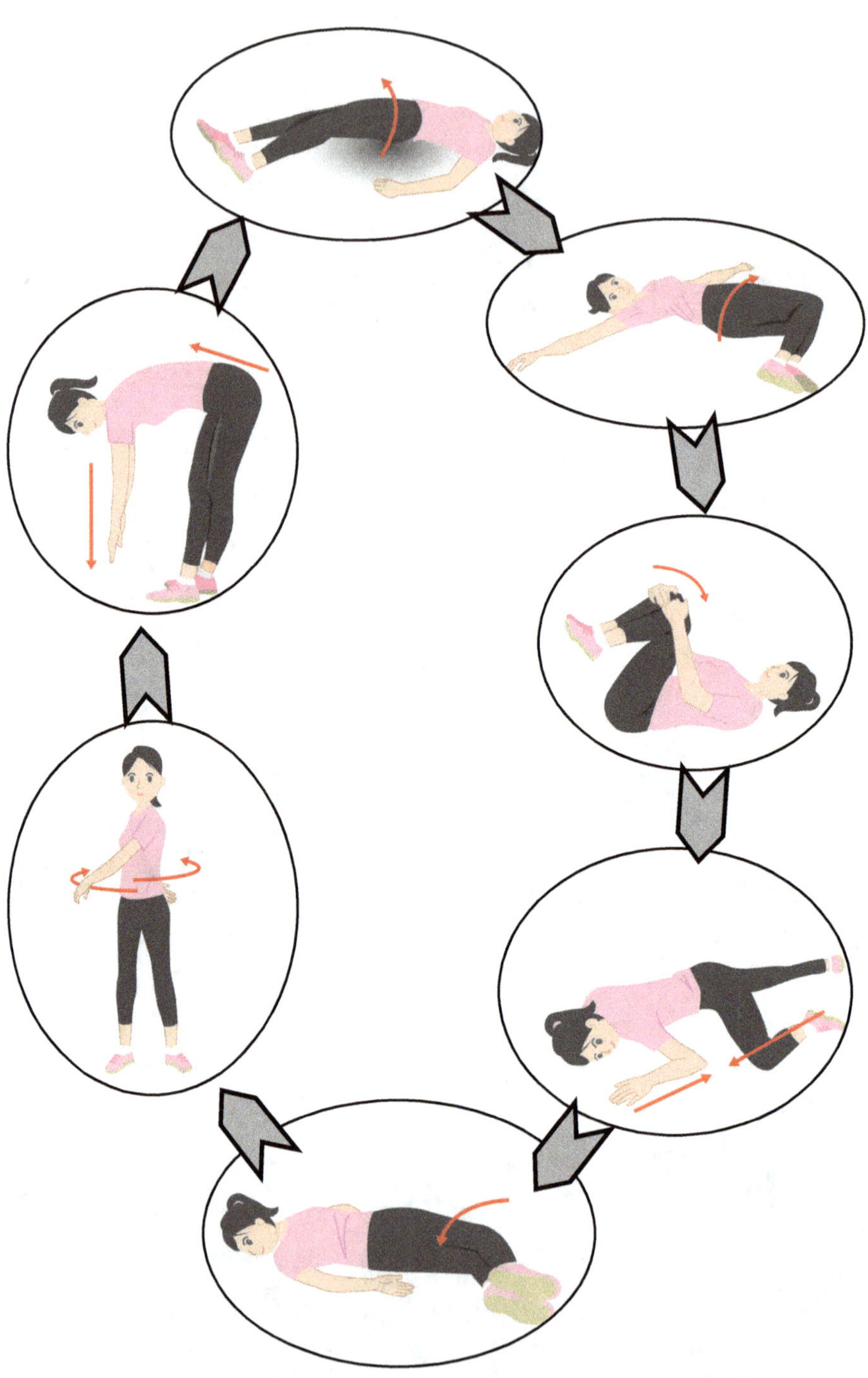

# 3. Ejercicios para la lumbalgia de origen degenerativo.

El Maestro Tokujiro Namikoshi, fundador del Shiatsu, firmaba sus autógrafos con las siguientes palabras: «un enfado es un envejecimiento, una sonrisa una juventud». Con ellas nos decía que si una persona se enfada una vez, se envejece un poco más rápido; en cambio, cada vez que sonreímos ganamos un año de juventud.

El Maestro también había fundado el «Club de la risa» y estuvo en el cargo de director durante muchos años. Un médico comentaba que hay una regla de sustracción aplicable a la vida humana: la cantidad de pulsos del corazón, evacuaciones, relaciones sexuales (la cantidad de espermatozoides producidos), cantidad de jugo gástrico, etc., todo esto tiene unas cifras limitadas que se traducen en el límite de la resistencia vital de cada persona.

Esta afirmación nos indica que cada persona tiene una fuerza vital que se va agotando con el tiempo.

Pongamos como ejemplo un vehículo; todos los coches tienen una resistencia prefijada. Sin embargo, si se cuida, funcionará satisfactoriamente durante más de veinte o incluso treinta años. Lo mismo ocurre con la vida de una persona; si una persona se enfada, la sangre subirá a la cabeza, se acelerará el pulso del corazón, acarreando una sobrecarga en los órganos circulatorios. Peor sería para una persona que se enfada con frecuencia.

El exceso de actos sexuales maltratan al corazón y a los órganos genitales, las evacuaciones forzadas desgastan los riñones y los intestinos, el hecho de estar constantemente atendiendo al teléfono móvil, incluso en la calle, acumula presión mental y estrés. Cada vez que hacemos sufrir al cuerpo desgastamos la vida que nos ha otorgado la naturaleza. esta es la mencionada ley de la sustracción.

Procuren caminar con calma, actuar con la cabeza fría, respirar despacio y profundamente, no enfadarse con asiduidad y llevar una vida organizada, sonriendo. Así respetamos la vida que nos ha dado la naturaleza y podemos aprovechar la totalidad de la fuerza vital de que disponemos.

Bueno, un ideal casi imposible de llevar a la práctica. Tal vez esta sea la conclusión a la que llegamos todos. Pero por eso mismo, sería un placer para mí que este libro les abriera los ojos para aprovechar y disfrutar de todo lo bello de la vida.

Solo se vive una vez, aprovechémoslo al máximo.

おわり

Shigeru Onoda

小野田茂

# Agradecimientos 感謝

*Quiero expresar mi agradecimiento*
*a todo el equipo de colaboradores que me han ayudado*
*en la publicación de este libro.*

Traducción:
**Kosuke Nakamori**

Coordinadora:
**María Torres**

Revisión de textos:
**Cristina Pilcher, Luz Sainz, Pablo López,**
**Manuel Tirado y Luz María García**

Dibujantes:
**Tatio Viana, Yuji Shinohara, María Torres**

Fotografía:
**José Manchado**

Modelos de fotografía:
**Sol Ortega y Lara García**

Maquetación:
**Raúl Domínguez**

*Y a todos los profesores y terapeutas que han colaborado*
*en este proyecto.*

# *Sobre el autor*

**S**  **higeru Onoda**, natural de Japón, se graduó en la JAPAN SHIATSU COLLEGE de Tokyo en abril de 1981, escuela oficial para el aprendizaje del Shiatsu en Japón, donde estuvo aprendiendo Shiatsu con los Maestros Tokujiro Namikoshi, Toru Namikoshi y Matsuko Namikoshi. Se graduó como terapeuta de Shiatsu y realizó el examen estatal que le concedió licencia para la práctica del Shiatsu en Japón (licencia nº 2787 del Ministerio de Salud).

Se dedicó posteriormente al estudio e investigación del Sotai-Ho y otras técnicas terapéuticas además de trabajar como terapeuta de Shiatsu en varías clínicas.

En junio de 1984 creó en España su propia clínica y comenzó a difundir el Shiatsu en nuestro país que, por aquellos tiempos, era prácticamente desconocido.

Shigeru Onoda creó su propia y primera clínica en 1984 y en 1987 comenzó a difundir el Shiatsu enseñando a un reducido grupo de alumnos. Desde entonces, hasta hoy ha abierto dos centros de Shiatsu en Madrid y varios en España.

En 1991 fundó la ASOCIACIÓN ESPAÑOLA DE SHIATSU BENKYOKAI que agrupaba a los alumnos que habían aprendido con él y poco a poco el Shiatsu se fue abriendo un espacio propio en España y conociéndose, cada día más, su efectividad terapéutica.

En septiembre de 1996 fundó la ESCUELA JAPONESA DE SHIATSU cuya apertura se vio honrada por la presencia de los Maestros Matsuko Namikoshi y Takashi Namikoshi que acudieron desde Japón para apoyar a Shigeru Onoda en la divulgación del Shiatsu y avalar su labor en

España con esta técnica. Shigeru Onoda fue reconocido nuevamente como representante único en España del Japan Shiatsu College de Tokio en el citado congreso de octubre de 2000.

En el año 2004 creó el Grupo Namikoshi Shiatsu Europa, reconocido y apoyado por el Japan Shiatsu College, para promover y facilitar la difusión del Shiatsu en toda Europa y controlar la correcta formación y preparación de los profesores de Shiatsu europeos.

Actualmente cuenta con centros en Madrid y escuelas asociadas en España y Europa donde se imparten clases y se atienden a varios miles de personas anualmente como usuarios de Shiatsu.

www.ingramcontent.com/pod-product-compliance
Lightning Source LLC
LaVergne TN
LVHW010817200726

843507LV00003B/625